CB059809

Mindfulness e Ciência

Ausiàs Cebolla i Martí
Javier García-Campayo
Marcelo Demarzo

Organizadores

Mindfulness e Ciência

Da tradição à modernidade

Tradução de
Denise Sanematsu Kato

Palas Athena

Título original: Mindfulness y ciencia – De la tradición a la modernidad
© David Alvear Morón, Ricardo Arguís Rey, Ausiàs Cebolla i Martí, Ignasi Cifre León, Marcelo Demarzo, Javier García-Campayo, Miguel Ángel Santed Germán, Vicente Simón Pérez e Joaquim Soler Ribaudi, 2014

© Alianza Editorial S. A., 2014 – Madri, Espanha

Grafia segundo o Acordo Ortográfico da Língua Portuguesa de 1990, que entrou em vigor no Brasil em 2009.

Coordenação editorial: Lia Diskin
Capa e projeto gráfico: Vera Rosenthal
Produção e diagramação: Tony Rodrigues
Atualização bibliográfica: Fernando Stanziani
Revisão: Lucia Benfatti e Rejane Moura

Dados Internacionais de Catalogação na Publicação (CIP)
(Câmara Brasileira do Livro, SP, Brasil)

Mindfulness e ciência: da tradição à modernidade / Ausiàs Cebolla i Martí, Javier García-Campayo, Marcelo Demarzo, (organizadores); tradução de Denise Sanematsu Kato. – São Paulo : Palas Athena, 2016.

Título original: *Mindfulness y ciencia : de la tradictión a la modernidad*.
Bibliografia

1. Autoconsciência 2. Disciplina mental 3. Meditação - Métodos 4. Mindfulness - Terapia cognitiva 5. Psicologia 6. Psicoterapia I. Cebolla i Marti, Ausiàs. II. García-Campayo, Javier. III. Demarzo, Marcelo.

16-06018   CDD-158.12

Índices para catálogo sistemático:
1. Mindfulness: Meditação: Psicologia aplicada 158.12

2ª edição – agosto de 2019

Todos os direitos reservados e protegidos pela
Lei 9610 de 19 de fevereiro de 1998.
É proibida a reprodução total ou parcial, por quaisquer meios, sem a autorização prévia, por escrito, da Editora.

Direitos adquiridos para a língua portuguesa no Brasil por
Palas Athena Editora
Alameda Lorena, 355 – Jardim Paulista
01424-001 São Paulo, SP Brasil
Fone (11) 3050-6188
www.palasathena.org.br
editora@palasathena.org.br

LISTA DE AUTORES

David Alvear Morón
Universidad del País Vasco

Ricardo Arguís Rey
Diretor do Centro de Profesores
y Recursos Juan de Lanuza, Zaragoza

Ausiàs Cebolla i Martí
Universitat Jaume I. Castelló de la Plana

Ignasi Cifre León
Universitat de les Illes Balears

Marcelo Demarzo
Universidade Federal de São Paulo (Brasil)

Javier García-Campayo
Universidad de Zaragoza
Instituto Aragonés de Ciencias de la Salud

Miguel Ángel Santed Germán
Universidad Nacional de Educación a Distancia

Vicente Simón Pérez
Universitat de València

Joaquim Soler Ribaudi
Hospital de la Santa Creu i Sant Pau, Barcelona

Sumário

Lista de autores 7
Prefácio à edição brasileira – *Elisa Harumi Kozasa* 13
Prólogo – *Ronald M. Epstein* 15

1. O que é mindfulness? – *Ausìas Cebolla e Marcelo Demarzo* .. 19
    Definição e conceito 20
    Origens budistas de mindfulness: *Sati* 23
    A prática de mindfulness 24
    Mitos e preconceitos 28
    As terapias baseadas no treinamento em mindfulness 30
    Conclusões 35

2. Avaliação de mindfulness – *Joaquim Soler* 37
    Uni ou multifatorial? 38
    Particular ou comum? 41
    Instrumentos para a medição de mindfulness 42
    Que escala utilizar? 50
    Limitações dos autorrelatos e alternativas 52

3. Por que e para que praticar mindfulness?
Mecanismos de ação e eficácia – *Ausiàs Cebolla* 57
    Começando a casa pelo telhado 58
    Praticar mindfulness... mas para quê? A pesquisa sobre
    a eficácia da prática..................... 59
    Mecanismos de ação..................... 64

MUDANÇAS NA ATENÇÃO 66
MUDANÇAS COGNITIVAS 67
MUDANÇAS EMOCIONAIS 69
CONSCIÊNCIA CORPORAL 70
CONCLUSÕES 71

4. Mindfulness e neuroimagem. O cérebro das pessoas que praticam – *Ignasi Cifre e Joaquim Soler* 73
TÉCNICAS FUNCIONAIS DE NEUROIMAGEM BASEADAS EM RESSONÂNCIA MAGNÉTICA 74
QUE ESTRUTURAS ENTRAM EM JOGO DURANTE A MEDITAÇÃO? 75
ONDE SE ENCONTRA O ESTUDO DA MEDITAÇÃO NA NEUROCIÊNCIA ATUAL? MINDFULNESS E REDE NEURAL EM MODO PADRÃO (DEFAULT MODE NETWORK) 84
PATOLOGIA E MINDFULNESS 85

5. Mindfulness pode ser utilizado no sistema de saúde?
Marcelo Demarzo e Javier García-Campayo 89
O QUE SABEMOS SOBRE A IMPLEMENTAÇÃO DE MINDFULNESS NOS SERVIÇOS DE SAÚDE? 90
ATENÇÃO PRIMÁRIA: A PORTA DE ENTRADA DE MINDFULNESS NOS SISTEMAS DE SAÚDE 93
MINDFULNESS COMO UMA "INTERVENÇÃO COMPLEXA" 94
NOVAS TECNOLOGIAS E ACESSO A MINDFULNESS 97
QUALIFICAÇÃO PROFISSIONAL PARA TRANSMITIR MINDFULNESS 98
FORMAS DE REMUNERAÇÃO E FINANCIAMENTO, NECESSIDADE DE INSTRUTORES E CUSTOS ENVOLVIDOS 100
CUSTO-EFETIVIDADE DAS INTERVENÇÕES BASEADAS EM MINDFULNESS 102
STEPPED-CARE E *LOW INTENSITY-HIGH VOLUME*: CONCEITOS-CHAVE PARA A IMPLEMENTAÇÃO DE MINDFULNESS EM GRANDE ESCALA ... 103
CONCLUSÃO, *FRAMEWORK* E AGENDA PARA FUTURAS PESQUISAS.. 108

6. Mindfulness e educação. Aprendendo a viver com atenção plena
Ricardo Arguís 111
    QUAL O PAPEL DE MINDFULNESS NA EDUCAÇÃO? 112
    A ATENÇÃO PLENA NA EDUCAÇÃO: POTENCIAR UM ESTILO DE VIDA .. 113
    EXPERIÊNCIAS DE APLICAÇÃO DA ATENÇÃO PLENA NA EDUCAÇÃO.. 114
    MINDFULNESS E EDUCAÇÃO NA ESPANHA:
    INICIATIVAS E PESQUISAS RECENTES 117
    POSSIBILIDADES DE TRABALHO COM CRIANÇAS E JOVENS 121
    A FORMAÇÃO DO CORPO DOCENTE EM MINDFULNESS 124
    CONCLUSÕES 125
    RECURSOS ÚTEIS PARA PAIS E EDUCADORES 127

7. O que muda nos profissionais que praticam mindfulness?
Javier García-Campayo e Miguel Ángel Santed 129
    POR QUE É ÚTIL A PRÁTICA DE MINDFULNESS PARA
    OS PROFISSIONAIS DE SAÚDE SOCIAL? 130
    ESTUDOS SOBRE A EFICÁCIA DE MINDFULNESS EM
    PROFISSIONAIS DE SAÚDE 131
    O IMPACTO DA PRÁTICA DE MINDFULNESS NOS PROFISSIONAIS
    E EM SEUS CLIENTES 135
    CARACTERÍSTICAS DA FORMAÇÃO EM MINDFULNESS A PARTIR
    DA UNIVERSIDADE: UMA PERSPECTIVA INTERNACIONAL 138
    NOVAS TECNOLOGIAS E FORMAÇÃO EM MINDFULNESS 141
    COMO PRATICAR MINDFULNESS NA ATIVIDADE CLÍNICA DIÁRIA 142
    CONCLUSÕES E LINHAS FUTURAS DE PESQUISA 144

8. Mindfulness e psicologia positiva.
Uma união para potenciar o bem-estar – *David Alvear* 147
    INTRODUÇÃO À PSICOLOGIA POSITIVA 147
    QUAL A CONTRIBUIÇÃO DE MINDFULNESS À PSICOLOGIA POSITIVA? .. 150
    EMOÇÕES POSITIVAS E MINDFULNESS:
    QUANDO A ATENÇÃO PLENA NOS FAZ FLORESCER 151
    FORÇAS PESSOAIS E MINDFULNESS: DESENVOLVENDO
    O MELHOR DE CADA PESSOA... 156

Sumário

    Psicologia positiva do tempo e mindfulness:
    viver o presente a partir da funcionalidade 158
    Considerações finais 159

9. O reencontro científico com a compaixão – *Vicente Simón*   163
    Definição de compaixão e conceitos afins 164
    Terminologia relacionada à compaixão,
    não inspirada na tradição budista 166
    Definições inspiradas na tradição budista 168
    Uma síntese. A compaixão como motivo organizador
    da mente e da conduta 171
    Aspectos biológicos da compaixão 173
    Neurociência da compaixão 176
    A compaixão vista através da neuroimagem 176
    O sistema neural que sustenta a compaixão 178
    A compaixão como ferramenta para restabelecer
    o equilíbrio emocional 182
    Protocolos para o treinamento da compaixão 184
    Conclusão 190

Reflexão final. Mindfulness: o início de uma nova sociedade?
Ausiàs Cebolla, Marcelo Demarzo e Javier García-Campayo 193
    O futuro da pesquisa sobre o uso de mindfulness.
    Muito além de uma visão clínica......... 194
    Aonde chegaremos? Moda ou o início de uma
    nova sociedade? 195
    Mindfulness e a Sociedade da Informação 196
    Interdisciplinaridade e mindfulness 196
    Mindfulness: budismo e ciência 197
    Conclusão 198

    Bibliografia 199
    Índice remissivo 233

Prefácio à edição brasileira

Atualmente existe um grande interesse em mindfulness. As pessoas não sabem muito bem o que é, mas têm uma ideia de que se relaciona a um estado de bem-estar e à meditação. Desta maneira, seja para reduzir o estresse ou buscar um estilo de vida mais saudável, iniciam uma busca por aprender práticas de mindfulness.

Mindfulness, que tem sua origem no termo páli *sati* – que significa recordar-se (no caso, do objeto de sua atenção) –, juntamente com a consciência introspectiva que monitora este lembrar-se e nos traz de volta para ele, toda vez que nos percebemos distraídos, é a essência das práticas de mindfulness. Por exemplo, se estamos meditando, atentando para nossa respiração, devemos nos lembrar de que o objeto de nossa atenção é a respiração. Toda vez que nos distraímos é a consciência introspectiva que nos traz de volta para a atenção na respiração. Desta maneira, algumas traduções de mindfulness para línguas ocidentais trouxeram alguma confusão, como por exemplo a tradução para o português como "atenção plena". Quando se fala sobre "atenção plena" em português, poderemos ter a ideia de um estado de alerta permeado pelo estresse, o que definitivamente não é o que acontece durante uma prática de mindfulness. Desta maneira, neste livro foi escolhido manter o termo mindfulness ao invés de traduzi-lo.

Esta obra, que originariamente foi escrita em espanhol, organizada por pesquisadores com experiência na área da saúde pública e coletiva, e da saúde mental, traz uma visão panorâmica sobre o conceito de mindfulness, bem como das pesquisas realizadas com práticas que envolvem o treinamento desta habilidade, como é o caso da meditação. Nesta esfera, o livro explora desde as modificações funcionais no cérebro de praticantes de mindfulness, e até mesmo sua aplicação nos sistemas públicos de saúde, em especial no alívio do estresse e doenças crônicas. Aqui as práticas de mindfulness são uma ferramenta de baixo custo e que empoderam a população quanto ao autoconhecimento e autocuidado, fundamentais para a promoção de saúde.

Uma interessante ponte se estabelece no capítulo sobre Psicologia Positiva e Mindfulness. A combinação de práticas de mindfulness e dos instrumentos trazidos pela psicologia positiva parecem ter um potencial de incrementar o bem-estar e o cultivo das virtudes humanas.

Outra abordagem – que agrega práticas de mindfulness e o desenvolvimento da compaixão – relativamente recente, já apresenta estudos mostrando os benefícios deste tipo de protocolo no desenvolvimento da empatia, e para a saúde mental.

Mindfulness e Ciência é, sem dúvida, uma leitura que vale a pena para aqueles que querem conhecer mais sobre este tema.

Elisa Harumi Kozasa
Pesquisadora do Instituto do Cérebro do Hospital Israelita Albert Einstein
Docente do Programa de Mestrado e Doutorado do Instituto
Israelita de Ensino e Pesquisa Albert Einstein
Fellow do Mind and Life Institute

Prólogo

Na semana passada, internei a Sra. Pérez no hospital. Conheço-a há 25 anos. Cerca de dois anos atrás diagnostiquei um câncer de pâncreas em estágio avançado, e ela conseguiu sobreviver bem mais do que os 6 a 8 meses de prognóstico. Agora ela está morrendo. Sofre de dores contínuas e não pode nem ao menos beber água. Acredita que rezar pode produzir um milagre, permitindo que volte para casa curada. Quando lhe ofereci analgésicos ela recusou dizendo "Já sei para que serve isso", pois acredita que tomar morfina seria o mesmo que se entregar.

É difícil para ela testemunhar tal forma de sofrimento. Além de ter que conviver com uma doença que destruiu seu corpo, a forma de pensar que lhe dava sentido e propósito à vida parece agora estar agravando seu sofrimento. Também sofro com tudo isso, mas de outra forma: estou triste e decepcionado porque minha tentativa de entender seu diferente sistema de crenças, de conquistar sua confiança e oferecer-lhe alívio para seus sintomas não foi bem-sucedida. Sinto-me orgulhoso de minhas habilidades de comunicação com meus pacientes e de conquistar sua confiança, mas no caso da Sra. Pérez não pude encontrar o caminho. Não podia compartilhar sua crença de que um milagre poderia curá-la, muito embora sua prolongada sobrevida, que desafia as estatísticas, poderia ser considerada quase como um milagre. Como teria sido fácil simplesmente dizer-lhe: "A decisão é sua", e deixá-la recusar aquilo que poderia trazer-lhe alívio e dignidade. Entretanto, se eu tivesse agido assim, teria falhado com a paciente e comigo mesmo.

No caso acima e em muitas outras situações difíceis que ocorrem durante uma doença, tanto os médicos como os pacientes conseguem desenvolver apenas uma visão parcial da realidade. O sofrimento do paciente contrapõe sua fé aos sintomas; e, no meu caso, como seu médico, meu sofrimento contrapôs meu sistema de crenças laico à autonomia do paciente. Nessa situação, os desafios vão muito além dos pensamentos conscientes. Envolvem emoções profundas, imaginação moral e capacidade de autoconsciência. Tanto para a Sra. Pérez como para mim, nossa consciência naquele momento estava limitada pelas lentes com que cada um enxergava a situação e pela estreita margem de possibilidades que contemplávamos. Estávamos delirando juntos. Nenhum de nós estava consciente da natureza, cor, forma e tamanho das lentes que filtravam nossa visão da situação.

* * *

Embora mindfulness tenha sido definida de várias formas, todas convergem para o conceito de tomar consciência de cada momento – consciência de nós mesmos, dos outros e do ambiente ao nosso redor. Às vezes é fácil estar consciente, mas nem sempre. Neste caso nem a Sra. Pérez nem eu conseguíamos ver uma situação difícil por mais de uma perspectiva. Somente adotando uma mente de principiante – a capacidade de ver situações complexas a partir de duas perspectivas simultaneamente e enxergar aquilo que é familiar de uma forma nova – poderíamos ambos sair de nossa intransigência delirante.

Nesse momento de desespero me conscientizei de que durante os 25 anos em que eu cuidara da Sra. Pérez ela sempre manteve suas opiniões. Dava-lhe conselhos e avaliava com ela as alternativas possíveis para, em seguida, vê-la optar por aquilo que ela queria. Desta forma, sua diabetes e hipertensão nunca estiveram bem controladas. Comia o que queria e nunca se importou com sobrepeso. Perceber isso permitiu-me ver as coisas de um ângulo diferente. Estava forçando a situação, implorando que ela seguisse o tratamento. No entanto, ela não faria sua parte.

Assim, o que aconteceria se eu simplesmente deixasse isso de lado e permitisse que ela tivesse o espaço de que necessitava? E o que aconteceria se eu simplesmente estivesse presente, sem pressioná-la? Às vezes a sabedoria não está nas respostas encontradas, mas no tipo de pergunta formulada. Por que não usar perguntas abertas como "O que é mais importante neste momento?" em vez de perguntas fechadas como "Você quer algum medicamento para a dor?" E o que aconteceria se simplesmente nos sentássemos em silêncio, juntos?

Não sei ao certo se foram as perguntas ou o silêncio, mas passei a ver as coisas de outra forma. Para agir de modo compassivo fiz menos, e não mais. Ela também acabou relaxando e deixou de se agarrar tão intensamente à sua perspectiva. A morfina, anteriormente considerada um inimigo, um sinal de renúncia a si mesma e à sua fé, podia ser vista agora como um amigo, um presente da mesma fonte milagrosa que lhe havia dado uma esperança de vida mais longa do que seria possível imaginar. Mindfulness se aprende e se ensina simplesmente existindo, sem expectativas e na companhia das perguntas que são importantes de verdade.

Como profissionais, em nosso trabalho diário, mindfulness não é algo que fazemos sentados sobre uma almofada. O drama da Sra. Pérez ocorreu em um consultório e em um quarto de hospital, não em uma sala de meditação. Mindfulness é o que trazemos para nossas vidas, tanto no trabalho como em casa. Sim, a almofada pode ser útil. Oferece uma base de treinamento e uma prova de conceito para este estudo científico da mente que chamamos de meditação.

Agora mindfulness faz parte da medicina, da liderança corporativa e da educação. Assim como qualquer ideia nova, levará um tempo para se consolidar. A maioria dos profissionais que conheço tem alguma ideia do que é mindfulness. Alguns evocam a imagem de paz, harmonia e compaixão. Outros a veem como prestar atenção, ser preciso e cuidadoso. Alguns profissionais até me disseram: "Não pratico mindfulness" ou "Não consigo meditar". Se mindfulness fosse sempre paz e harmonia, este livro terminaria agora mesmo. Não é assim. Estar radicalmente presente às vezes não é fácil; pode ser difícil e dissonante. Às vezes produz mal-estar. Mindfulness implica voltar-se para essa dissonância e descobrir e desenvolver resiliência para ser capaz de fazê-lo.

Este livro versa sobre o que é mindfulness e como promovê-la. Não deixa de ser uma tarefa perigosa. Uma vez definida a meditação, esta converte-se em uma "coisa" e não em uma descoberta. Mindfulness é o hábito de domar a mente dispersa dotando-a de um espaço amplo. Existe a ciência de mindfulness e a mindfulness da ciência.

Embora muitos dos capítulos deste livro estejam desenhados para ajudar profissionais a levar mindfulness a seus pacientes, alunos e clientes, mindfulness começa por nós mesmos. Pare um momento. O que você está esperando? O que acredita encontrar neste livro? Consegue deixar de lado estar presente, curioso, envolvido e atento? Muito do que lerá aqui o ajudará em sua vida profissional – quer seja relacionada a psicoterapia, farmacologia, cirurgia, liderança, ensino ou pesquisa. No entanto, mindfulness não é uma técnica, é uma forma de ser. A transformação dos outros começa em você mesmo. Deixe que este livro seja um convite que o permita conhecer a lente através da qual você vê o mundo.

Ronald M. Epstein
Professor de Medicina da Família, Psiquiatria, Oncologia e Enfermagem.
University of Rochester Medical Center

Capítulo 1
O que é Mindfulness?

Ausiàs Cebolla
e Marcelo Demarzo

A verdade é que ser uma pessoa amável, atenta e tranquila não implica acreditar em vidas passadas ou futuras, nem na lei do carma. Entretanto, tudo isso está relacionado à maneira com que levamos nossa vida ou treinamos nossa mente.
Quando o fazemos na direção correta, todas as boas qualidades começam a se manifestar em nossa mente e todas as nossas características ruins passam a crescer cada vez menos...

Chökyi Nyima Rinpoche

Nos últimos anos, vimos como as terapias baseadas em mindfulness (TBMs) têm representado uma verdadeira revolução no âmbito da saúde, atingindo índices extraordinários de popularidade. No contexto da medicina, psicologia ou educação, o termo *mindfulness* (que já foi traduzido de muitas maneiras, como atenção plena, plena atenção, consciência plena, consciência pura, estar atento) refere-se ao traço ou estado mental de estar atento, intencionalmente, à experiência presente. Em outras palavras: estar atento, de forma deliberada, ao fenômeno que se desenvolve aqui e agora, com aceitação e sem julgar. Devido à sua natureza sobretudo prática e vivencial, o entendimento completo de mindfulness costuma exigir uma experiência em primeira pessoa, ou seja, para se compreender totalmente o significado de mindfulness deve-se ter em conta que a prática é essencial. Apesar dessa limitação, o objetivo deste capítulo introdutório é oferecer uma visão geral das definições, conceitos e práticas que a amplitude do termo mindfulness pode significar e designar.

DEFINIÇÃO E CONCEITO

Conforme já vimos, mindfulness é um estado ou traço que se refere à capacidade de estar atento ao que acontece no presente, com abertura e aceitação. Jon Kabat-Zinn, um dos pais do uso clínico de mindfulness no Ocidente, propõe a mesma ideia em termos mais simples: mindfulness é apenas "parar e estar presente, só isso" (Kabat-Zinn, 2005). O traço mindfulness descreve a personalidade que tende a adotar uma atitude de aceitação – centrada no presente – em relação à própria experiência (Baer *et al.*, 2008).

Adicionando mais elementos à definição, a atenção à experiência presente deve estar associada a uma qualidade ou orientação de aceitação que, por sua vez, também é intencional. Neste caso, aceitação não significa resignação; é uma tentativa de não julgar, uma curiosidade isenta de julgamento, ou abertura ao desenvolvimento da experiência imediata, seja ela positiva ou negativa.

Assim, mindfulness envolve dois componentes fundamentais: a autorregulação da atenção e uma orientação aberta à experiência (Bishop *et al.*, 2004). O primeiro componente consiste, portanto, na autorregulação da atenção para que o indivíduo mantenha-se concentrado na experiência fenomenológica imediata e possa reconhecer melhor os acontecimentos corporais, sensoriais e mentais no momento presente. O segundo componente é a adoção de uma orientação particular frente às próprias experiências do momento – uma orientação caracterizada pela curiosidade, abertura e aceitação, que também pode ser entendida como um monitoramento aberto à experiência. Esse último aspecto implica a tentativa de reconhecer a realidade crua das coisas e fenômenos, livre de nossos filtros cognitivos, afetivos e culturais, que costumam gerar respostas baseadas em um padrão pré-estabelecido por nossas experiências anteriores. Envolveria também o monitoramento aberto – em perspectiva – de nossas próprias emoções, pensamentos e padrões mentais, geralmente chamados de metacognição ou descentramento (*decentering*), elementos que parecem ser dimensões importantes do conceito de mindfulness (Hayes-Skelton e Graham, 2013).

Esse tipo particular de atenção que chamamos de mindfulness reflete uma capacidade humana inata, porém pouco explorada hoje em dia, já que vivemos em uma época cultural que nos induz a fazer múltiplas tarefas simultâneas, como assistir à televisão enquanto comemos, falar ao celular enquanto caminhamos, entre milhares de exemplos possíveis. Por outro lado, essa qualidade de atenção pode ser (re)aprendida e treinada com o uso regular de várias técnicas e práticas específicas, que também fazem parte do termo mindfulness mais abrangente, e que serão descritas posteriormente.

Do ponto de vista científico, o estado ou traço de mindfulness está relacionado a vários indicadores da saúde física e psicológica como, por exemplo, maior equilíbrio do sistema nervoso autônomo (simpático e parassimpático), níveis mais elevados de afeto positivo, satisfação com a vida, vitalidade e menores níveis de afetos negativos e de outros sintomas psicopatológicos. Consequentemente, mindfulness é útil para o tratamento de muitas doenças ou transtornos. Existem diversos mecanismos subjacentes aos efeitos do treinamento em mindfulness na saúde e no bem-estar e incluem: maior controle da atenção, maior consciência das experiências internas e externas, menor reatividade às mesmas experiências, e em consequência melhor regulação emocional e uma maior flexibilidade psicológica. Todos esses aspectos despertaram um interesse exponencial por mindfulness no meio científico (figura 1.1) e serão aprofundados nos capítulos seguintes.

Penetrando um pouco mais no conceito, alguns autores consideram mindfulness um processo cognitivo complexo, não narrativo, às vezes conhecido como *modo ser* em contraposição à forma tradicional de nossa vida diária habitual, ou *modo fazer* (Williams, 2010). O *modo fazer* está voltado à obtenção de uma meta, a mente está preocupada em analisar o passado e o futuro, o presente adquire uma prioridade muito baixa e, em consequência, tem-se uma visão estreita do presente. Neste modo a mente tende a divagar continuamente movendo-se em círculos, registrando as discrepâncias existentes entre como as coisas são e como deveriam ser ou como gostaríamos que fossem. Os objetos da experiência são rotulados e julgados – bom/mau, feio/bonito etc.

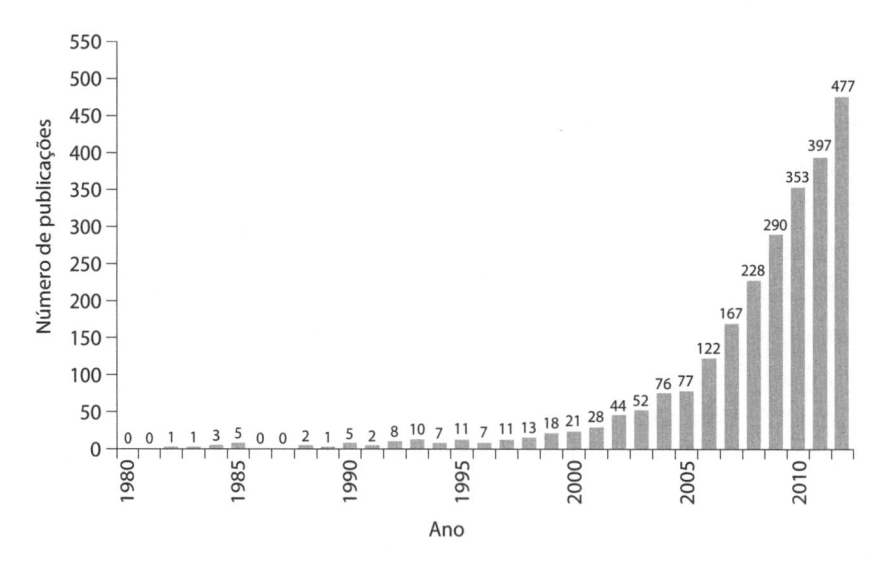

Figura 1.1. Número de publicações científicas sobre mindfulness nas últimas décadas (Black, 2013).

No modo *mindful*, não narrativo ou *modo ser*, o objetivo não é atingir uma meta concreta, portanto não há um acompanhamento de quão longe se está e consequentemente não há discrepâncias. O foco deste modo está em aceitar e permitir a experiência dos fenômenos em nossa rotina, sem pressão para mudar e sem julgar. O *modo ser* não é um estado não natural ou alterado, onde toda atividade deve parar. Ao contrário, ambos os estados estão implicados em uma infinidade de atividades e momentos. Este modo tem um contato maior com a experiência imediata e gera uma forma não narrativa de relacionar-se com a experiência (Farb *et al.*, 2007). Praticar mindfulness, portanto, permitiria passar do *modo fazer* para o *modo ser*, ampliando, facilitando e automatizando a passagem a este modo.

ORIGENS BUDISTAS DE MINDFULNESS: *SATI*

O conceito de mindfulness provém do budismo. Embora as terapias baseadas em mindfulness sejam revisões científicas e laicas, é importante reconhecer as origens históricas dos termos e conceitos que geraram a base epistemológica daquilo que chamamos mindfulness hoje.

Mindfulness, portanto, é uma tradução da palavra *sati* – na língua páli, um dos idiomas em que os discursos de Buda foram escritos há 2.500 anos. É difícil encontrar uma tradução para *sati* e existem verdadeiras dissertações sobre a complexidade de seu significado. Assim, para o budismo, *sati* é um conceito de múltiplas facetas, que inclui não apenas o controle atencional, mas toda uma série de fatores cognitivos e éticos.

O conceito *sati* aparece sistematizado no sermão de Buda chamado *Satipatthana Sutta*, ou Os Quatro Fundamentos da Atenção. Este sermão, texto central do budismo, sistematiza o papel da atenção e seu treinamento, situando-o como ponto-chave da doutrina budista. Buda, após sua iluminação, propôs um caminho espiritual para a libertação do sofrimento. O autêntico objetivo do budismo é gerar uma compreensão maior da natureza do sofrimento, sua causa, sua cessação e o caminho para atingir tal cessação (Bodhi, 2013).

Para o budismo, a raiz do sofrimento (*Dukkha*) surge na mente e, portanto, é lá que deve ser cortada.

Sati é o sétimo fator do Nobre Óctuplo Caminho. Esse caminho é o cerne dos preceitos propostos pela religião budista para a extinção do sofrimento, ou o que se conhece como as Quatro Nobres Verdades: o sofrimento (sofrimento, insatisfação, incerteza, dor) é inerente à vida; a origem do sofrimento está nos desejos provenientes do ego; o sofrimento pode ser extinto ao se extinguir sua causa; para extinguir o sofrimento devemos seguir o Nobre Óctuplo Caminho. Este caminho é composto por várias práticas ou atitudes que devem ser seguidas: reta visão ou reta compreensão, reto pensamento, reta palavra, reta ação, reto modo de vida, reto esforço, reta atenção e reta concentração. As duas primeiras correspondem à sabedoria; a terceira, quarta e quinta, à virtude: e a sexta, sétima e oitava, à meditação (Bodhi, 2013).

A PRÁTICA DE MINDFULNESS

Conforme vimos antes, mindfulness é um estado ou uma capacidade de trazer a atenção ao presente, sem julgamento e com abertura à experiência. Tal estado pode ser treinado e gerar muitos benefícios, tanto para a saúde mental como física (Williams, 2010). No âmbito científico, a prática de mindfulness se divide em dois tipos: a prática formal, baseada em técnicas de meditação, e a prática informal, que consiste em levar essa qualidade de atenção ao presente em atividades cotidianas.

Em relação ao primeiro tipo, é importante esclarecer que, embora mindfulness seja frequentemente confundida com meditação, essas práticas não são exatamente o mesmo. A meditação inclui um número enorme de práticas diferentes, mas nem todas têm como objetivo aumentar ou treinar a capacidade de mindfulness ou atenção plena. Portanto, mindfulness não é o mesmo que meditação, ou seja, é possível meditar sem praticar mindfulness e é possível praticar mindfulness sem fazer a meditação formal. A meditação, no entanto, é considerada uma técnica adequada, que ajuda a treinar a capacidade e a habilidade de mindfulness, embora o objetivo de um treinamento em mindfulness não seja a meditação em si, nem a conversão dos participantes em meditadores para o resto da vida, mas sim o aumento da capacidade ou habilidade da qualidade de atenção do tipo mindfulness.

A prática formal de mindfulness normalmente inicia-se adotando uma postura cômoda sentada em uma almofada (zafu), em uma cadeira, ou deitada, levando a atenção à sensação física do ar entrando pelo nariz, ao abdômen elevando-se, ou ao corpo. Na realidade, a atenção dirige-se a qualquer objeto ou fenômeno que se manifeste no presente (âncoras da atenção). As sensações físicas (respiração ou corpo) costumam ser o terreno adequado para começar a dirigir a atenção. Uma vez focada a atenção no ponto determinado, costuma surgir um evento de distração, seja um pensamento, preocupação, planos, sensação, emoção etc. Quando isso acontece, a instrução é observar esse evento, sem avaliá-lo e, pouco a pouco, voltar gentilmente a atenção à respiração ou ao corpo. Essa instrução aparentemente tão simples gera um tipo de observação da própria experiência, sem julgamento, que produz processos psicológicos associados à promoção da saúde, e que serão aprofundados ao longo deste livro.

Por outro lado, as técnicas informais referem-se a um processo muito semelhante ao das técnicas formais, com a diferença de não serem praticadas na posição sentada, sobre uma almofada de meditação, mas realizadas em eventos cotidianos (lavar as mãos, passear, comer etc.). Em outras palavras, são exercícios simples de tomada de consciência, de observação dos sentidos e atenção ao que ocorre no presente. Do ponto de vista clínico, o verdadeiro objetivo de toda intervenção baseada no treinamento em mindfulness é o estabelecimento da prática informal nos usuários e, para isso, utiliza-se a prática formal.

Tabela 1. As principais técnicas utilizadas na prática de mindfulness

Práticas de Mindfulness	Instrução	Objetivo
• Comer em atenção plena (exercício da uva-passa).	• Focar a atenção somente na experiência de comer. • Levar a atenção às sensações e aos sentidos enquanto se come.	• Mindfulness em contraposição aos pensamentos automáticos. • Atenção plena como transformadora da experiência.
• Atenção plena nas atividades cotidianas.	• Focar a atenção nas atividades cotidianas que, com frequência, se realiza sem dar-se conta (tomar banho, dirigir etc.).	• Aprender o quanto a mente é difusa e dispersa. • Aprender como acessar uma nova forma de se relacionar com as experiências.
• Meditação na contemplação das sensações ou *body scan* (escaneamento corporal).	• Colocar a atenção nas diferentes sensações que surgem no corpo. • Começar pelos pés até chegar à cabeça e ao contrário.	• Praticar conscientemente focar e desfocar a atenção. • Repetir a prática de dar-se conta, observar e voltar ao corpo. • Aumentar a consciência corporal. • Atenção plena em como as sensações são geradas no corpo, sejam estas agradáveis ou não. • Dar-se conta da aversão gerada por algumas sensações.
• Atenção plena na respiração.	• Usar a respiração como o foco ou âncora da atenção.	• Treinar a capacidade de manter a atenção no presente.

Práticas de mindfulness	Instrução	Objetivo
• Prática dos 3 minutos	• É treinada como uma meditação rápida, para realizar em qualquer momento do dia. • São três fases: tomada de consciência (de pensamentos, emoções, sensações etc.), trazer a atenção ao presente, ampliar a atenção para todo o corpo.	• Aprender a lidar com a divagação da mente. • Aprender a ser amável consigo mesmo.
• Movimentos corporais com atenção plena (*mindful movements*)	• Levar a atenção aos movimentos do corpo enquanto se realiza alongamentos. Costuma-se utilizar posturas ou asanas simples de yoga (Hatha Yoga).	• Aumentar a consciência corporal. • Repetir a prática de dar-se conta, observar e voltar ao corpo.
• Mindfulness caminhando	• Levar a atenção ao processo de caminhar, tomando consciência de todos os músculos e movimentos necessários.	• Praticar mindfulness em movimento.

Todas essas técnicas (ver Tabela 1.1) contêm os mesmos ingredientes, ou seja, levar – e manter – a atenção a algum objeto (âncora) ou evento que ocorra no presente e observar seja o que for que aconteça, sem tentar alterar nada, com uma atitude de abertura e curiosidade. Em geral, nas intervenções baseadas em mindfulness, o sistema utilizado costuma ser o de praticar na sessão de treinamento e em seguida os participantes devem praticar em casa com o auxílio de áudios.

MITOS E PRECONCEITOS

Com o aumento exponencial do interesse nas práticas e terapias baseadas em mindfulness é natural que acabem surgindo também mitos, conceitos equivocados e preconceitos sobre o tema (Williams, Dixon, McCorkle e Van Ness, 2011), com frequência associados também a confusões provenientes de suas origens religiosas e espirituais.

Um mito relacionado à utilidade de mindfulness na saúde é a ideia de que as terapias baseadas em mindfulness (TBMs) são uma panaceia, ou seja, a solução para todos os males e como substitutas de outros tratamentos psicológicos ou farmacológicos. Conforme veremos nos próximos capítulos, embora mindfulness seja eficaz para uma série de transtornos, suas indicações são precisas e baseadas em evidências científicas. Atualmente há estudos inclusive sobre os possíveis efeitos inesperados ou até mesmo adversos de mindfulness, ou seja, sensações físicas ou emocionais transitórias que podem surgir aleatoriamente durante as práticas de mindfulness especialmente entre principiantes – por exemplo, aumento transitório da ansiedade, sensação temporária de falta de sentido na vida etc. – e que devem ser consideradas no uso clínico de mindfulness, conforme abordaremos nos capítulos seguintes. Desta forma, o conceito de mindfulness como panaceia é equivocado e não benéfico. Além disso, pode gerar expectativas fantasiosas entre pacientes e profissionais, levando ao uso indevido ou ineficiente dessas terapias, sob o risco de caírem em descrédito.

O revés do mito da panaceia é a ideia de que mindfulness não se baseia em pesquisas científicas, que seus efeitos benéficos vêm do efeito placebo, ou que mindfulness é simplesmente mais uma técnica de relaxamento e, portanto, não pode ser considerada um tratamento. Conforme veremos, a eficácia de mindfulness tem sido comprovada por estudos com metodologia bem delineada, ou seja, ensaios clínicos controlados e randomizados, e meta-análises, que são os padrões em termos de evidências científicas. Além disso, muitos dos mecanismos envolvidos na prática de mindfulness já são conhecidos e diferem bastante do placebo e do relaxamento, como veremos nos demais capítulos deste livro.

Outro preconceito frequente é a ideia de que mindfulness está ligada à cultura oriental e, portanto, os ocidentais teriam dificuldade em praticá-la; ou, seguindo o mesmo raciocínio, que a prática de mindfulness está ligada à filosofia budista e, desta forma, não seria adequada a pessoas de outras religiões. Conforme enfatizamos aqui, embora tenham claramente uma raiz nas técnicas meditativas budistas, as terapias baseadas em mindfulness estão adaptadas ao contexto cultural ocidental, desprovidas de qualquer conotação religiosa. Por exemplo, em programas clássicos de mindfulness, do tipo MBSR (*Mindfulness-Based Stress Reduction*) ou MBCT (*Mindfulness-Based Cognitive Therapy)*, não há qualquer referência à filosofia ou religião oriental. Além disso, todas as técnicas são simples e de fácil acesso a pessoas de todas as culturas e religiões, sem restrições étnicas ou religiosas.

A postura ou posição corporal durante as técnicas meditativas utilizadas nas práticas formais de mindfulness é outro tema que pode gerar confusão. Conforme mencionamos, tais técnicas são praticadas em posturas e posições simples e acessíveis inclusive a pessoas com algum tipo de incapacidade física. A principal orientação é manter o conforto e a estabilidade corporal enquanto sentado no chão ou cadeira, ou deitado no colchonete, sem qualquer necessidade de permanecer imóvel o tempo todo ou de colocar-se em posição de lótus ou semilótus.

Outros conceitos equivocados estão relacionados às técnicas de mindfulness e seus efeitos. Por exemplo, a concepção errônea de que a prática de mindfulness permitirá limpar a mente ou deixá-la em branco, ou que mindfulness é um estado de transe envolvendo dissociação ou perda de controle, ou que é um estado de desconexão ou distanciamento do exterior. Conforme mencionamos no início do capítulo, mindfulness possui dois elementos fundamentais: a autorregulação da atenção e a orientação aberta à experiência. Consequentemente, quando orientamos nossa atenção à experiência do momento com uma atitude de abertura, fazemos o mesmo com nossas emoções e pensamentos. Isso significa que o objetivo da prática de mindfulness não é o controle dos pensamentos ou o seu desaparecimento, mas observar de modo consciente a experiência presente, que inclui padrões mentais de pensamentos e emoções. Por exemplo, durante uma prática de atenção plena na respiração, leva-se deliberadamente a atenção para a respiração, e espera-se que mais cedo ou mais tarde surjam pensamentos ou preocupações (o habitual de nossa mente); isso faz parte da prática. A diferença é que observaremos os eventos mentais com a intenção de não nos identificar com eles (modo não avaliativo), de maneira não crítica, voltando novamente (e sempre que necessário) nossa atenção à âncora escolhida (neste caso, a respiração). Em resumo, não se espera que a mente fique em branco, e sim que observemos, sem julgar, nossos próprios eventos mentais. Da mesma forma, é um erro dizer que mindfulness é um estado de transe, dissociação ou desconexão com a realidade, já que se trata exatamente do contrário, ou seja, o objetivo final é estar totalmente presente e consciente da realidade que se apresenta a cada momento.

AS TERAPIAS BASEADAS NO TREINAMENTO EM MINDFULNESS

Nos últimos anos, a irrupção das terapias baseadas em mindfulness (TBMs) provocou toda uma revolução, gerando muita literatura científica que mostrou a eficácia dessas terapias em múltiplos contextos e transtornos, contagiando também o âmbito não clínico e informativo. Não apenas as terapias baseadas exclusivamente em mindfulness foram pesquisadas – as terapias tradicionais (terapia cognitivo-comportamental, terapia sistêmica, psicanálise etc.) também se abriram à incorporação de técnicas de mindfulness dentro do leque de técnicas que elas propõem.

As TBMs baseiam-se em uma série de pressupostos fundamentais (Bishop *et al.*, 2004). De acordo com o primeiro pressuposto, os seres humanos costumam ser pouco conscientes de sua experiência momento a momento, ou seja, normalmente agimos no piloto automático e temos pouca consciência do presente. Estudos científicos demonstram que o tempo dedicado a essa divagação corresponde a uma porcentagem muito grande do nosso tempo (Killingsworth e Gilbert, 2010). Em 2010, Killingsworth e Gilbert apresentaram os resultados de um estudo interessantíssimo sobre o tema, tanto devido ao método utilizado como pelos resultados obtidos. Os autores conceberam um aplicativo de *smartphone* no qual faziam três simples perguntas:

> *Como você se sente neste momento?* (de 0 a 100)
> *O que você está fazendo neste momento?*
> *Você está pensando em algo diferente do que está fazendo?*
> (Não/ Sim, algo agradável/ Sim, algo neutro/ Sim, algo desagradável)

Essas três perguntas eram ativadas de forma aleatória no telefone de 2.250 adultos. O estudo levou a três conclusões:

a) a mente está frequentemente em um estado de divagação (cerca de 50% do tempo),
b) somos menos felizes quando nossa mente divaga do que quando não o faz, e
c) o conteúdo de nossa mente está mais relacionado à felicidade do que à atividade que estamos realizando.

Uma das conclusões deste estudo e também das TBMs é que a capacidade de tomar consciência da experiência momento a momento gera, efetivamente, um sentido de vida mais vital e rico. Outra ideia básica é a de que todos somos capazes de desenvolver a habilidade de mindfulness, isto é, que é suscetível de ser treinada e modificada. Evidentemente, existe também uma parte de mindfulness que é um traço e que certamente está associada ao temperamento. Em todo caso, mesmo partindo de diferentes níveis, todos temos condições de aumentar essa capacidade. Além disso, o desenvolvimento dessa capacidade é gradativo, progressivo e requer uma prática regular. Ou seja, não é uma questão de compreender ou intelectualizar, nem mesmo de ter fé; é necessário praticar continuamente para que os resultados se revertam em saúde. Por último, a capacidade de observar persistentemente, sem julgar o conteúdo mental, aumenta gradativamente a veracidade das percepções. Com tal aumento na capacidade de perceber nossas próprias respostas mentais a estímulos internos e externos, temos acesso a mais informações, o que, por sua vez, aumenta as ações efetivas no mundo e intensifica a percepção de controle.

As terapias mais importantes desenvolvidas nos últimos anos baseadas no treinamento em mindfulness incluem:

Mindfulness-Based Stress Reduction (MBSR)

Jon Kabat-Zinn é, sem dúvida, um dos pioneiros no uso clínico e na pesquisa em mindfulness. Biólogo profissional, criou, em 1979, o Programa de Redução de Estresse Baseado em Mindfulness (*Mindfulness-Based Stress Reduction, MBSR*) e fundou a clínica de redução de estresse baseada em atenção plena em Worcester, Massachusetts (Estados Unidos), hoje conhecida como Center for Mindfulness in Medicine, Health Care and Society (CFM). O programa MBSR baseia-se em um treinamento em mindfulness estruturado em oito sessões semanais de duas horas e meia, aproximadamente, e um final de semana de retiro em silêncio. Durante o treinamento, os participantes devem comparecer às sessões e depois praticar mindfulness em casa, em sessões de 45 minutos de duração, seis dias por semana. Sob as siglas MBSR há toda uma indústria de formação e promoção de mindfulness, na qual, sem dúvida alguma, se espelharam as demais propostas terapêuticas baseadas em mindfulness. O programa MBSR teve sua eficácia comprovada por rigorosos estudos publicados em revistas científicas de grande impacto, atraindo a atenção de cientistas de todo o mundo, demonstrando eficácia sobre a dor crônica, ansiedade, melhora do sistema imunológico etc. (Chiesa e Serreti, 2009).

Mindfulness-Based Cognitive Therapy (MBCT)

Desenvolvido por Zindel Segal, John Teasdale e Mark Williams (2002), este protocolo terapêutico é um tratamento psicológico em grupo, desenvolvido para prevenir recaída em depressão, baseado no treinamento em mindfulness. É uma adaptação de um programa MBSR associado a intervenções tradicionais de terapia cognitiva para depressão. Atualmente é uma das intervenções baseadas em mindfulness em maior evidência – de fato, o Instituto Nacional para Saúde e Excelência Clínica da Grã-Bretanha (NICE) recomenda essa terapia como intervenção de escolha para prevenir recaída em depressão em pessoas com três ou mais recaídas, mostrando-se pelo menos tão eficaz quanto a medicação (Piet e Hougaard, 2011).

A estratégia utilizada pela MBCT para evitar recaída consiste em ajudar os pacientes a desembaraçar-se dos processos ruminativos que costumam manter os estados depressivos. A essência de mindfulness é a utilização intencional do controle da atenção para estabelecer uma configuração do processamento da informação alternativo ao depressivo (baseado no presente, na aceitação e na ausência de julgamento) e, portanto, incompatível com a configuração da engrenagem depressiva (Teasdale, 1999). Atualmente muitas adaptações vêm sendo realizadas para diferentes transtornos, como ansiedade, prevenção de suicídio, ou população não clínica.

Mindfulness-Based Relapse Prevention (MBRP)

Programa desenvolvido por Alan Marlatt (MBRP, Bowen, Chawla e Marlatt, 2013). Combina um treinamento em mindfulness com um programa tradicional de prevenção de comportamentos aditivos. Assim como os outros dois programas mencionados, também é composto por oito sessões. Alan Marlatt desenvolveu o programa tradicional de prevenção de recaída em dependência química e classificou os fatores que contribuem para a recaída em duas grandes categorias: determinantes imediatos (situações, efeitos de violação da abstinência) e antecedentes encobertos (desejo de consumo e estilos de vida). O objetivo do programa é ajudar os pacientes a reconhecer situações de alto risco de consumo e a se preparar para lidar com elas. Este mesmo autor decidiu incluir o treinamento em mindfulness neste programa para atribuir uma abordagem mais compassiva, enfatizando a aceitação em vez de culpa e vergonha. O treinamento em mindfulness serve para observar as experiências de modo consciente e sem julgamento, deixando o paciente mais consciente de seus estados emocionais e fisiológicos, dando-lhe condições de identificar os estados internos que disparam as recaídas.

* * *

Além das terapias mencionadas acima, há uma grande variedade de terapias que incluem mindfulness como elemento fundamental de sua intervenção, mas que não incorporam a prática de meditação no pacote de ferramentas clínicas. As mais importantes são a *Terapia Dialética Comportamental* (Linehan, 1993), que consiste em uma intervenção psicossocial para o transtorno de personalidade limítrofe (TPL) e cujo principal objetivo é a redução de condutas suicidas e de autolesão. A estratégia terapêutica da Terapia Dialética Comportamental inclui o treinamento de aceitação das experiências do paciente e oferece novas estratégias de enfrentamento: refocalizar o significado da vida, trabalhar com valores, exposição a emoções anteriormente intoleráveis, prevenção da esquiva emocional, introdução do enfoque dialético. O tratamento está estruturado em módulos de grupo e em terapia individual. Ensina-se Mindfulness mediante exercícios curtos de respiração e prática informal. Atualmente, é a terapia de escolha para o tratamento de TPL, segundo o guia NICE, e tem obtido excelentes resultados em estudos de eficácia.

Por outro lado, a *Terapia de Aceitação e Compromisso* (Hayes, Stroshal e Wilson, 1999) é uma intervenção psicológica baseada na terapia comportamental, que utiliza estratégias de aceitação e mindfulness conjuntamente ao trabalho com o compromisso e os valores, com o objetivo de aumentar a flexibilidade psicológica. Essa terapia em formato individual (embora também possa ser adaptada ao contexto de grupo) propõe que subjacente aos transtornos psicológicos está o que se chama transtorno de evitação da experiência – entendido como padrão inflexível segundo o qual nossa vida depende da necessidade de controlar e/ou evitar a presença de pensamentos, lembranças, sensações e outros eventos privados (Luciano e Valdivia, 2006). Utiliza-se mindfulness como ferramenta básica para treinar a aceitação desses eventos privados. Para isso, são usados principalmente exercícios de tomada de consciência ou mindfulness informal.

CONCLUSÕES

Conforme apresentamos, no uso clínico contemporâneo, mindfulness refere-se a uma qualidade particular para lidar com os fenômenos da vida cotidiana, com atenção plena à experiência e, ao mesmo tempo, com uma atitude de abertura, curiosidade e aceitação, sendo mais fácil sua vivência que sua definição em palavras. Além disso, pode-se compreender mindfulness como um termo guarda-chuva, que abarca o estado ou traço de mindfulness descrito anteriormente, bem como as técnicas, práticas e programas desenvolvidos para seu treinamento, além das terapias ou intervenções baseadas no treinamento em mindfulness. Devido ao seu rápido desenvolvimento e à origem religiosa, mindfulness pode levar a alguns erros conceituais e preconceitos que devem ser contestados por pesquisa científica séria e controlada. Diversas terapias foram desenvolvidas, todas contando com uma série de pressupostos. A eficácia e efetividade desses programas vêm sendo demonstradas para diferentes transtornos físicos e psicológicos, assim como em vários ambientes e contextos (sistemas de saúde, educação, e desenvolvimento pessoal e profissional), que serão tratados nos próximos capítulos deste livro.

Capítulo 2
Avaliação de mindfulness

Joaquim Soler

Existem dois tipos de inteligência: uma adquirida, como uma criança na escola que memoriza fatos e conceitos dos livros e do que o professor diz, reunindo informação a partir das ciências tradicionais e das novas ciências. Com esse tipo de inteligência se ascende no mundo. Posiciona-se à frente ou atrás dos demais de acordo com a capacidade de reter informação. Com essa inteligência, pode-se entrar e sair dos campos do conhecimento, acumulando sempre mais pontos nas tabuinhas de registro. Existe outro tipo de tabuinha, que já está completa e preservada em nosso interior. Uma nascente transbordando sua fonte. Um frescor no centro do peito. Essa outra inteligência não perde o viço nem estanca. É fluida, e no entanto não se move de fora para dentro pelos canais do aprendizado. Esta segunda forma de conhecimento é um manancial que jorra de nosso interior, fluindo para fora.

Rumi

Nos últimos trinta anos, mindfulness foi rapidamente introduzida e difundida na psicologia científica moderna. Sua rápida incorporação na área científica deve-se, em grande parte, ao êxito das terapias baseadas em mindfulness (TBMs), de início no campo da saúde física (Grossman *et al.*, 2004) e, mais recentemente, na saúde mental (Khoury *et al.*, 2013). A disseminação das TBMs tem aumentado de modo progressivo, gerando portanto a necessidade de criar instrumentos capazes de avaliar esse construto. Entretanto, a conceitualização e a medição do construto são hoje temas de debate e, em particular, a validade dos autorrelatos utilizados para medir mindfulness tem sido tanto objeto de críticas (Grossman, 2011) como de apoio (Brown *et al.*, 2011). Tal aspecto é de máxima relevância, pois sem uma medição válida não se pode pesquisar qualquer fenômeno. Contar com uma medição válida e confiável nos permitirá estudar nos próximos anos, por exemplo, os mecanismos de ação subjacentes a mindfulness, determinar quais as práticas mais relacionadas ao aumento da capacidade de mindfulness e analisar detalhadamente como a elevação nos índices de mindfulness se relaciona com as melhorias no funcionamento psicológico e orgânico (Baer *et al.*, 2009; Grossman, 2011).

UNI OU MULTIFATORIAL?

Embora teoricamente mindfulness implique dois componentes – um de atenção e outro de atitude – essa suposta estrutura bifatorial tem sido objeto de discussão, gerando posições que, apesar de diametralmente opostas, se sustentam e se defendem tanto do ponto de vista teórico como psicométrico. Em um extremo, Brown e Ryan (2003) – autores da medida mais utilizada em pesquisas na área, a *Mindful Attention Awareness Scale* (MAAS) – conceitualizam mindfulness como um construto unidimensional. A proposta dos autores é a mais reducionista e defende a existência de um único fator em mindfulness: o de atenção/consciência (Brown 2003; 2004). Brown e Ryan (2004) destacam que, no processo de desenvolvimento de seu instrumento, partiram inicialmente de um modelo teórico bidimensional (com uma subescala para "atenção" e outra para "aceitação") mas descobriram, em grandes amostras de sujeitos, que no âmbito psicométrico (da validade convergente e discriminante) a solução bifatorial não oferecia vantagens explicativas em relação à obtida somente pelo fator "atenção". Em outras palavras, a escala de aceitação acabava sendo redundante à de atenção/consciência e não oferecia nem acrescentava mais informação. Assim, não parecia lógico usar duas subescalas se utilizando apenas uma já se obtinha a mesma informação. Segundo Brown e Ryan (2003), o aumento do foco da atenção no momento presente ocorreria necessariamente com uma atitude de aceitação, da mesma forma que a ênfase na postura não avaliativa de aceitação implica inevitavelmente um aumento da atenção/consciência do momento presente. Desta forma, os fatores atencional e emocional não podem ser dissociados. Neste sentido, conforme veremos adiante, não é raro que as escalas teoricamente consideradas multifatoriais acabem sendo utilizadas como índices unidimensionais por não sustentarem suas propostas teóricas nas análises psicométricas.

A visão unidimensional subjacente na escala MAAS contrasta com a de outros instrumentos, como a *Five Facets Mindfulness Questionnaire* (FFMQ; Baer *et al.*, 2006), na qual se distinguem até cinco facetas específicas que compõem mindfulness. Embora alguns trabalhos explorem se por trás da aparente diversidade sugerida pelas 5 facetas do FFMQ esconde-se a estrutura bifatorial de ordem superior mencionada acima (Tran *et al.*, 2013), a maioria dos estudos que mediram mindfulness como um construto multifatorial (com 4 ou 5 facetas) revelaram que esses diferentes componentes estariam parcialmente relacionados à atenção consciente e à aceitação (Baer *et al.*, 2009). Normalmente existem correlações positivas de intensidade moderada entre essas facetas, embora em certos casos também haja relatos de anticorrelações com alguns dos fatores que, a priori, deveriam estar positivamente relacionados (por exemplo, Observação). Além disso, em relação a uma dessas facetas (por exemplo, Descrição), não existe um consenso claro sobre seu pertencimento ou não ao construto. Por um lado, para alguns especialistas a descrição (ou rotulação com o uso de palavras) é parte essencial das práticas de mindfulness (Analayo, 2003; Creswell, 2007), enquanto que para outros, a origem verbal da descrição a deixaria fora de mindfulness, que é uma experiência não conceitual (Cardaciotto *et al.*, 2008). Em uma posição intermediária estariam as escalas bifatoriais, como a *Toronto Mindfulness Scale* (TMS) e a *Philadelphia Mindfulness Scale* (PHLMS). Entre as duas, a que se aproxima mais diretamente da proposta teórica de Bishop *et al.* (2004) é a PHLMS (Cardaciotto *et al.*, 2008; Marcel, 2003), que apresenta os dois fatores independentes de consciência e aceitação. Apesar de que, efetivamente, na validação original, consciência e aceitação não se correlacionam, a validade concorrente e discriminante da escala de consciência é pobre.

Em relação à estrutura bifatorial de mindfulness, é surpreendente observar a coexistência de visões tão díspares e pensar que todas podem ser argumentadas psicometricamente. Em um extremo, a ortogonalidade proposta por Cardaciotto *et al.* (2008) entre consciência e aceitação e, no outro, a redundância total entre ambas defendida por Brown e Ryan (2003, 2004). Neste sentido, muitos exemplos mostram que a não aceitação de uma realidade presente acaba comprometendo a atenção no presente (por exemplo, a não realização de um objetivo importante), enquanto outros exemplos demonstram que altos níveis de consciência e foco não são acompanhados de uma atitude de aceitação, como no caso de certos transtornos de ansiedade ou de comportamentos adictos (Ingram, 1990). Em resumo, parece razoável pensar que ambos os aspectos estejam correlacionados, embora não sejam a mesma coisa.

PARTICULAR OU COMUM?

Outro debate que permanece aberto é considerar até que ponto mindfulness é uma condição particular, acessível somente após a obtenção de certo aprendizado, ou um fenômeno comum, mais ou menos presente em qualquer indivíduo. Para Paul Grossman (2011) esta questão está relacionada a dificuldades na definição e conceitualização do termo e deve-se, em parte, ao desconhecimento da base budista da origem de mindfulness. Segundo o autor, a atual medição de mindfulness estaria desnaturalizada, já que a psicologia ocidental descontextualizou seu substrato. Com base nessa perspectiva, mindfulness não seria um estado mental ordinário e não poderia ser dissociado de suas práticas ou treinamentos. Consequentemente, as atuais ferramentas de medição estariam baseadas em definições próprias, que não respeitariam a riqueza e as sutilezas do construto; alguns exemplos podem ser situações como "Quebro ou derramo coisas por descuido, por não prestar atenção ou por estar pensando em outra coisa", no caso do questionário MAAS. Existem alguns dados que pareceriam apoiar esse argumento: por exemplo, no estudo de MacKillop e Anderson (2007), não foram observadas diferenças nas pontuações do questionário MAAS entre amostras de meditadores versus não meditadores, ou no estudo de Leigh *et al.* (2005), que reportou níveis mais elevados de mindfulness medidos pelo *Freiburg Mindfulness Inventory* (FMI) em estudantes com uso abusivo de álcool em comparação a seus iguais que não abusam. Além disso, a natureza dos questionários, que forçosamente estão baseados na percepção subjetiva, favorece que as pontuações obtidas estejam distorcidas por variáveis idiossincráticas e de um entendimento limitado ou *naïf* do que é mindfulness. Isso pode fazer com que um meditador experiente e um principiante obtenham pontuações idênticas. Conforme destacado por Sauer *et al.* (2013), este fenômeno não se restringe à medição de mindfulness, pois também é conhecido na pesquisa sobre qualidade de vida como *shifting baseline* e deve-se à mudança dos padrões internos. Por outro lado, começar a praticar mindfulness também pode ajudar o principiante a perceber até que ponto vinha agindo mecanicamente ou funcionando no "piloto automático" em seu dia a dia, levando-o a obter valores mais baixos nos questionários de mindfulness que os obtidos antes de iniciar a prática.

Em franca oposição à particularidade de mindfulness estaria a visão liderada por Brown e Ryan *et al.* (2011), que ganhou mais adeptos na comunidade científica. Com base nessa perspectiva, mindfulness não é um estado particular vinculado exclusivamente a determinadas práticas e portanto pode ser observada em qualquer indivíduo. Embora mindfulness tenha sido introduzida pelo budismo e seja um aspecto predominante nessa tradição, é provável ainda que se trate de uma função psicológica universal, que também depende da cultura e do contexto em que é observada (Sauer *et al.*, 2013). A partir desse ponto de vista, mindfulness seria uma capacidade inerente ao ser humano, o que de nenhum modo implica que esta capacidade não possa ser melhorada mediante o treinamento. Nesse sentido, e como sugere Jon Kabat-Zinn, mindfulness é tão budista quanto a gravidade é newtoniana. O budismo destacou – e não criou – uma capacidade humana (Brown *et al.*, 2011).

INSTRUMENTOS PARA A MEDIÇÃO DE MINDFULNESS

Até o momento, foram publicados distintos autorrelatos para avaliação de mindfulness. Nesta seção estão resumidos os mais comuns e utilizados com maior frequência em pesquisas sobre o tema. A escala mais usada, com base no número de citações no Google Scholar, é a MAAS, que possui o dobro de citações do FFMQ, seguida das escalas KIMS, PHLMS, TMS e, finalmente, a FMI e a SMQ (Sauer *et al.*, 2013). É importante ressaltar que as relações estabelecidas entre as diferentes escalas de mindfulness baseiam-se até agora em apenas alguns estudos (Baer *et al.*, 2008). A presente revisão inclui também informações das validações em castelhano de quatro instrumentos (EQ, FFMQ, MAAS e PHLMS). Todas encontram-se mencionadas abaixo:

Mindfulness Attention Awareness Scale (MAAS)

A escala MAAS (Brown *et al.*, 2003) foi a primeira escala de medição de mindfulness e a mais utilizada na área da pesquisa (Sauer *et al.*, 2013). Em consequência, o instrumento foi validado em vários idiomas (Pack *et al.*, 2013), incluindo duas validações para o castelhano (Cebolla *et al.*, 2013; Soler *et al.*, 2012). A MAAS avalia, de maneira global, a capacidade disposicional de um indivíduo para estar atento e consciente da experiência do momento presente na vida cotidiana. Se classificarmos as escalas de mindfulness em um contínuo estado-traço, a MAAS estaria próxima do traço (Bergomi *et al.*, 2013). O instrumento foi desenhado partindo de uma visão unifatorial do construto de mindfulness. A escala pode ser utilizada em sujeitos submetidos ou não ao treinamento em mindfulness. MAAS é um questionário autoadministrado, que contém 15 itens e mede a presença ou ausência de atenção/consciência do que ocorre no momento presente e na vida diária. A pontuação segue uma escala Likert, com uma faixa entre 1 (quase sempre) e 6 (quase nunca). A pontuação é calculada a partir da média aritmética do total de itens: pontuações elevadas indicam maiores níveis de mindfulness. Cabe ressaltar que na validação em castelhano para a população geral e psiquiátrica, a estrutura original do instrumento foi confirmada (Soler *et al.*, 2012), porém na validação com uma amostra de pacientes com fibromialgia obteve-se uma solução fatorial válida tanto para um como para dois fatores (Cebolla *et al.*, 2013). Embora a MAAS esteja consistentemente relacionada a medidas de comportamento de mindfulness (Frewen *et al.*, 2008) ou à atividade cerebral (Creswell *et al.*, 2007) e apesar da existência de literatura abundante com o uso dessa escala

(Brown et al., 2011), esse instrumento não está isento de críticas (Grossman, 2011). Entre tais críticas destacam-se os resultados incongruentes de MacKillop e Anderson (2007), que não identificaram diferenças nos níveis de mindfulness entre amostras de meditadores e não meditadores. Além disso, a escala MAAS parecia medir mais especificamente a desatenção ou *mindlessness*, e não exatamente mindfulness. Assim, na escala MAAS, parte-se do princípio de que mindfulness é simplesmente o contrário de desatenção (Sauer *et al.*, 2013). Recentemente (e tendo em vista essa polêmica), criou-se uma versão da escala que inclui tanto perguntas no sentido positivo como negativo (Höfling *et al.*, 2011).

Five Facets Mindfulness Questionnaire (FFMQ)

A FFMQ (Baer *et al.*, 2006) tenta unificar em apenas um instrumento os questionários de mindfulness utilizados com mais frequência e é um claro expoente de uma visão multifatorial de mindfulness. Em termos conceituais, o autorrelato é semelhante ao da KIMS (Baer *et al.*, 2004) que, assim como o *Freiburg Mindfulness Inventory* (FMI; Buchheld *et al.*, 2001), o *Southampton Mindfulness Questionnaire* (SMQ; Chadwick *et al.*, 2008), a MAAS (Brown *et al.*, 2003) e a *Cognitive and Affective Mindfulness Scale* (CAMS; Feldman *et al.*, 2004) foram as escalas precursoras da FFMQ. A FFMQ é um questionário autoadministrado de 39 itens, que avaliam cinco facetas de mindfulness disposicional (*dispositional mindfulness*); essas facetas são as mesmas quatro da KIMS mais uma faceta adicional. Desta forma, se obtêm pontuações para:

- observação (notar experiências internas e externas, como sensações, emoções ou pensamentos),
- descrição (rotular as experiências com palavras),
- atuação consciente (estar focado momento a momento na atividade, em vez de agir mecanicamente),

- não julgar a experiência interna (adotar uma postura não avaliativa em relação a pensamentos e emoções) e, como subescala adicional,
- não reatividade à experiência interna (permitir o fluxo livre de pensamentos e emoções, sem se deixar capturar por eles ou sem rejeitá-los).

A escala é pontuada segundo uma escala Likert, com uma faixa entre 1 (nunca ou raramente verdadeiro) até 5 (quase sempre ou sempre verdadeiro) e dispõe de uma validação em castelhano para a população em geral e amostras psiquiátricas (Cebolla *et al.*, 2012). As pontuações obtidas na FFMQ indicam que esta escala é sensível à experiência de meditação das amostras avaliadas (maiores pontuações em indivíduos com experiência; Baer *et al.*, 2008; de Bruin *et al.*, 2012; Lilja *et al.*, 2011) e também às intervenções de mindfulness (Carmody *et al.*, 2008; Soler *et al.*, 2012). Mais especificamente, vários estudos demonstraram um funcionamento distinto da escala Observação, que apresentaria uma correlação positiva com as quatro facetas restantes somente em amostras de sujeitos com experiência meditativa e não correlacionaria (ou o faria de forma negativa) com as outras subescalas em amostras de sujeitos sem experiência (Baer *et al.*, 2008; de Bruin *et al.*, 2011; Cebolla *et al.*, 2012; Lilja *et al.*, 2011, 2012). Sem incluir Observação, as outras quatro facetas da FFMQ atuariam como um "nível geral de mindfulness" em amostras de indivíduos com pouca experiência meditativa. Paradoxalmente, essa mesma escala de Observação, em amostras *naïf* (sem experiência em práticas meditativas), pode ser positivamente correlacionada com índices psicopatológicos como, por exemplo, supressão do pensamento (Bear *et al.*, 2006, 2008; de Bruin *et al.*, 2012). Essas correlações pequenas, porém positivas, foram interpretadas como um reflexo de tendências ruminativas associadas à Observação em amostras de sujeitos não meditadores (Tran *et al.*, 2013).

Kentucky Inventory of Mindfulness Skills (KIMS)

A KIMS (Baer *et al.*, 2004) foi desenhada para avaliar a tendência de estar *mindful* no dia a dia, tomando como base o enfoque da Terapia Dialética Comportamental (TDC), que conceitualiza mindfulness como uma habilidade (Linehan, 1993). Embora a KIMS continue sendo utilizada até hoje, o surgimento da FFMQ, que é em parte de uma evolução da primeira, tornou seu uso menos frequente.

Philadelphia Mindfulness Scale (PHLMS)

A única escala que propõe uma visão bidimensional de mindfulness, congruente com a proposta de consenso de Bishop *et al*. (2004), é a PHLMS (Cardaciotto, 2008). Embora outras escalas multidimensionais de mindfulness (por exemplo, FFMQ ou KIMS) sejam sensíveis a aspectos relacionados à atenção e à aceitação, seus fatores estão apenas parcialmente relacionados a esses componentes de mindfulness.

A escala PHLMS é um autorrelato breve, de 20 itens, que oferece informações sobre a Consciência do momento presente, definida como "monitoramento contínuo dos estímulos internos e externos" e da Aceitação, definida como "postura não julgadora da própria experiência" (Cardaciotto *et al.*, 2008). Tal estrutura bifatorial foi confirmada no estudo original por uma análise fatorial confirmatória (Cardaciotto *et al.*, 2008). Apesar da ausência de correlação entre as duas subescalas que a compõem na validação original (Cardaciotto *et al.*, 2008), elas estariam correlacionadas, de modo negativo e significativo, na subamostra com clínica psiquiátrica na validação para o castelhano (Soler *et al.*, 2010; Tejedor *et al.*, 2013). A pontuação baseia-se em uma escala Likert, na faixa entre 0 (nunca) e 4 (quase sempre). O uso de uma pontuação total mediante a soma de ambas as subescalas não é aconselhável (Park *et al.*, 2013). Em todos os estudos observa-se uma sensibilidade geral menor da escala de Consciência, que inesperadamente não apresentaria correlação com a sintomatologia depressiva e só teria uma leve correlação com ansiedade na validação para o castelhano. A subescala de Aceitação teria um comportamento mais congruente, relacionando-se em sentido negativo com índices de ansiedade, de estado de ânimo com ruminação, supressão e evitação da experiência.

Toronto Mindfulness Scale (TMS)

A TMS (Lau, Bishop, Segal *et al.*, 2006) apresenta a característica distinta de medir mindfulness como um estado e não como um traço. Assim, a escala original requer a prática de algum exercício antes de ser administrada. Em uma revisão posterior da escala original criou-se uma versão traço do instrumento (Davis *et al.*, 2009). A TMS explora a qualidade da experiência meditativa e inclui duas subescalas: Curiosidade e Descentramento (*decentering*). A TMS ainda não foi validada para o castelhano.

Freiburg Mindfulness Inventory (FMI)

A FMI (Buchheld, Grossman e Walach, 2001; Walach, Buchheld, Buttenmüller, *et al.*, 2006) define mindfulness como um fenômeno atencional, "uma observação não enviesada de qualquer fenômeno com o objetivo de percebê-lo como realmente é, sem distorção emocional ou intelectual" (Buchheld *et al.*, 2001). Com origem na psicologia budista, inicialmente esta escala se aplicava a pessoas que frequentavam retiros de meditação. Após uma versão inicial de 30 itens, os autores desenvolveram uma versão reduzida de 14 itens, com um único fator, que se mostrou mais robusto do ponto de vista psicométrico. Também existe uma versão da FMI de 7 itens (Jiménez *et al.*, 2010). Embora inicialmente esta escala considerasse a presença de quatro fatores, uma certa inconsistência entre eles levou os autores a propor uma interpretação unifatorial do instrumento. Entretanto, trabalhos recentes com o instrumento apontam a presença de dois fatores: um para Presença e outro para Aceitação (Sauer *et al.*, 2013). Até o momento não há uma validação da FMI para o castelhano.

Southampton Mindfulness Questionnaire (SMQ)

A SMQ (Chadwick *et al.*, 2008) foi desenvolvida para avaliar o grau de mindfulness apresentado por um indivíduo na presença de pensamentos egodistônicos. Embora a escala proporcione uma única pontuação, permite explorar quatro áreas ou formas distintas de reagir aos pensamentos: (1) consciência dos pensamentos como fenômenos mentais, (2) manter a atenção em condições difíceis, (3) não julgar a presença desses pensamentos desagradáveis e, finalmente, (4) permitir o fluxo desses pensamentos, sem reação ou ruminação. Ainda não há validação deste instrumento para o castelhano.

Cognitive and Affective Mindfulness Scale-Revised (CAMS-R)

Segundo seus autores, a CAMS-R (Feldman *et al.*, 2004, 2007) é um questionário "desenhado para capturar um conceito amplo de mindfulness" (Feldman *et al.*, 2007) baseado na visão de Kabat-Zinn (1990). O instrumento possui uma versão anterior, a CAMS (Feldman *et al.*, 2004), que foi aprimorada na versão atual, a CAMS-R. A escala avalia quatro áreas distintas: atenção, foco no presente, consciência e aceitação/não julgamento, bem como um fator global de mindfulness. Não há, até hoje, qualquer validação desse instrumento para o castelhano.

Experiences Questionnaire (EQ)

Mais do que uma escala de mindfulness propriamente dita, a EQ (Fresco *et al.*, 2007) é um instrumento que avalia um aspecto particular e associado a mindfulness: a capacidade de descentramento (*decentering*). Essa habilidade refere-se à capacidade de se descentrar dos próprios pensamentos e emoções e observá-los como fenômenos temporários da mente (Safran e Segal, 1990). O descentramento ocorre no presente e implica manter uma postura não avaliativa e de aceitação dos eventos internos (Fresco *et al.*, 2007). Apesar de ser um instrumento psicometricamente unifatorial

(11 itens), a versão original foi desenhada para avaliar dois aspectos distintos: Ruminação e Descentramento; a análise psicométrica sustentou apenas a última das subescalas. A escala EQ-Descentramento (EQ-D) agrupa três aspectos do descentramento: a habilidade de um indivíduo não se ver como sinônimo de seus pensamentos, a habilidade de não reagir a suas experiências negativas e a capacidade de autocompaixão, embora esta permita obter apenas uma pontuação total (Fresco *et al.*, 2007). Na validação para o castelhano com uma amostra clínica psiquiátrica e uma amostra controle (com experiência e sem experiência em meditação; Soler *et al.*, 2013b) observam-se também correlações congruentes e significativas com sintomatologia ansiosa, depressiva, estresse e evitação da experiência. O autorrelato é sensível à experiência meditativa dos sujeitos e à mudança após a realização de uma intervenção de mindfulness (Soler *et al.*, 2013b).

A escala Mindsens

Este instrumento foi desenvolvido no contexto de um estudo que comparou amostras de indivíduos com e sem experiência meditativa em diferentes componentes de mindfulness (Soler *et al.*, 2013a). Mais do que uma escala propriamente dita, a Mindsens é uma coletânea de itens originários de outras medidas, escolhidos por serem especialmente sensíveis à prática de meditação em indivíduos com experiência prévia. A escala Mindsens reúne um total de 19 itens provenientes das escalas FFMQ e EQ. Esses itens mostraram maior correlação positiva com variáveis pragmáticas associadas à prática meditativa, como: o total de meses de experiência em meditação na vida de um indivíduo, o número de dias em que um sujeito medita ao longo de um mês e a duração, em minutos, de suas sessões de meditação. Curiosamente, todos os itens do instrumento originam-se unicamente de duas das cinco facetas da FFMQ (as facetas de Observação e Não Reatividade à experiência interna) e do descentramento (*decentering*) da EQ.

Tal fato parece destacar que nem todos os componentes de mindfulness são adquiridos pela prática meditativa (por exemplo, Não Julgar ou Descrever). A escala permite discriminar com elevada precisão (82,3%) entre sujeitos que meditam diariamente e sujeitos sem experiência meditativa (Soler *et al.*, 2013a).

* * *

Além dessas escalas acima existem também outros autorrelatos menos utilizados e/ou que surgiram recentemente, tais como: *Developmental Mindfulness Survey* (Shalloway *et al.*, 2007), uma escala unidimensional com a particularidade de ser a única desenvolvida a partir da teoria de resposta ao item; *Effects of Meditation Scale* (Reavley *et al.*, 2009), que se caracteriza por apresentar duas seções, uma para avaliar experiências durante a meditação e outra para os efeitos da meditação no dia a dia; *Langer Mindfulness/Mindlessness Scale* (Haigh *et al.*, 2011), desenvolvida a partir de uma visão de mindfulness originária da psicologia cognitiva baseada no processamento da informação e a teoria criativa; e, finalmente, *Comprehensive Inventory of Mindfulness Experiences beta* (Bergomi *et al.*, 2013), um questionário de escala multifatorial, que visa cobrir todos os aspectos de mindfulness e ser sensível às interrelações entre eles.

QUE ESCALA UTILIZAR?

A resposta a essa pergunta não pode ser genérica, pois dependerá do objetivo que se tem em mente. Embora todas as escalas comentadas sejam autorrelatos de mindfulness, há uma divergência apreciável entre utilizar um ou outro instrumento. Um critério a ser levado em conta é a população que se quer avaliar. Por exemplo, a FMI está voltada a sujeitos com experiência meditativa e, portanto, poderia não ser a melhor opção para amostras de indivíduos sem prática meditativa. No extremo oposto, instrumentos como a

MAAS – que considera mindfulness uma capacidade inata de todo indivíduo – poderiam ser utilizados em qualquer população.

Embora mindfulness pareça estar mais próxima ao estado que ao traço (Bishop *et al.*, 2004), a maioria dos instrumentos disponíveis está voltada à avaliação da presença dessas capacidades como traço. Desta forma, se o que se busca é refletir ou ser sensível a um estado de mindfulness, as opções são mais limitadas e as mais indicadas seriam a TMS ou uma versão breve e adaptada unicamente de cinco itens da MAAS: a State-MAAS (Brown *et al.*, 2003). Os demais instrumentos como FMI, MAAS, EQ e PHLMS são mais próximos do conceito de traço (por exemplo, podem incluir perguntas sobre o estado de mindfulness nos últimos quinze dias). Finalmente, em escalas como KIMS, CAMS-R e FFMQ se questiona se um item é ou não aplicável (certo ou falso) a um determinado indivíduo e, assim, mindfulness também é tratado como um elemento mais ou menos estável, semelhante ao traço.

Se estivermos interessados em um índice global com o uso de uma escala relativamente curta, é provável que a EQ e a MAAS serão boas opções, ao passo que a FFMQ seria mais recomendável no caso de uma análise mais detalhada que nos permita investigar diferentes aspectos. Por outro lado, se quisermos avaliar o efeito de intervenções baseadas em mindfulness e analisar como as diferenças em mindfulness se relacionam com outras variáveis de interesse em amostras com experiência meditativa diferente, uma opção recomendável seria a recém-criada escala Mindsens, já que foi desenhada especificamente para ser sensível ao treinamento em mindfulness. Além disso, e conforme já vimos, cada instrumento avalia aspectos distintos de mindfulness e, portanto, nossa seleção também deverá estar relacionada ao aspecto particular de mindfulness que queremos investigar. Para fins de orientação, a tabela 2.1 apresenta os diferentes instrumentos e os aspectos avaliados por eles (Bergomi *et al.*, 2013).

Tabela 2.1. Instrumentos para avaliar mindfulness

	Observação	Atuação consciente	Não julgar	Não reatividade	Descrever	Autoaceitação	Não evitação	Não identificação	Insight
MAAS		X							
FMI	X	X		X		X	X	X	X
KIMS	X	X	X		X				
FFMQ	X	X	X	X	X				
CAMS	X	X	X	X			X		
SMQ			X	X			X	X	
PHLMS	X						X		
EQ								X	
MIND-SENS	X			X				X	
TMS							X	X	

LIMITAÇÕES DOS AUTORRELATOS E ALTERNATIVAS

As diferenças na interpretação semântica de um questionário, em parte devidas aos graus distintos de experiência do indivíduo, afetarão especialmente a avaliação baseada em qualquer autorrelato, pois é provável que participantes sem experiência em um programa MBSR (*Mindfulness-Based Stress Reduction*) tenham uma concepção totalmente diferente do termo mindfulness em comparação a meditadores experientes, e também em comparação à concepção adquirida após a conclusão do programa. Consequentemente, é difícil determinar se a mudança na forma como pontuam um item em uma escala deve-se à mudança real ou experiencial induzida pela prática, ou se simplesmente reflete uma mudança meramente intelectual, já que o conhecimento sobre o que é mindfulness aumenta após a participação em um curso. Neste sentido, os métodos qualitativos são mais confiáveis que os autorrelatos e, embora não estejam totalmente isentos de alguns dos problemas já comentados sobre os autorrelatos, permitem fazer uma avaliação mais profunda ao preservarem a riqueza semântica das descrições (Sauer, 2013). Collins *et al.* (2009) desenvolveram um método qualitativo baseado no número de palavras relacionadas com mindfulness que são mencionadas durante uma entrevista. O número de palavras foi associado ao menor uso abusivo de substâncias no seguimento de quatro meses após a participação em um programa de mindfulness voltado à prevenção de recaída. No caso da FMI, a avaliação qualitativa de seus itens mediante entrevista em amostras de indivíduos com e sem experiência em mindfulness revelou que, no grupo sem experiência, oito dos itens apresentaram problemas de compreensão, destacando a necessidade de reformular alguns dos itens e desaconselhando o uso do instrumento em população *naïf* (sem experiência em práticas meditativas). Uma análise qualitativa de outros autorrelatos de mindfulness provavelmente levaria a conclusões equivalentes ou semelhantes a esta.

Conforme vimos, há uma diversidade considerável de escalas para a medição de mindfulness. No entanto, existem outras formas de medição que vão além de questionários ou métodos qualitativos. Embora não seja comum, alguns trabalhos introduziram outras metodologias para medir mindfulness. Frewen (*et al.*, 2008) utiliza a *Meditation Breathing Attention Score*, que consiste em levantar a mão ao se ouvir o som de um sino para sinalizar se a atenção estava ou não focada na respiração no momento em que o sino tocou.

Nesse procedimento, o sino é tocado a cada três minutos ao longo de uma meditação de quinze minutos, com foco na respiração. Tal índice apresentou uma correlação positiva com medidas de questionário (como MAAS) e com três das quatro subescalas da KIMS. Outro trabalho utilizou a porcentagem de experiência direta, ou seja, o grau de sensorialidade (versus experiência indireta ou atividade cognitiva não ancorada temporalmente) frente à situação real de comer uma laranja, em pacientes com transtornos alimentares (Soler *et al.*, 2013c). Observou-se que um nível elevado de experiência direta estava inversamente associado à gravidade, ansiedade e cronicidade do transtorno alimentar. Além disso, tal porcentagem estava associada a pontuações maiores na faceta "Observação" da FFMQ. Embora ambos os exemplos demonstrem a utilidade de metodologias à margem do autorrelato, em ambos os casos obtém-se uma medição parcial de mindfulness: no primeiro caso, centrado no componente atencional e, no segundo, na experiência direta.

Existem também muitos estudos – que apenas mencionarei, pois serão detalhados em outro capítulo – que utilizam métodos de imagem cerebral, correlações biológicas e medidas neuropsicológicas. Alguns desses trabalhos identificaram modificação tanto no funcionamento cerebral, observando um padrão particular de ativação de áreas relacionadas com a atenção (Brefczynski-Lewis *et al.*, 2007), bem como estruturalmente, relatando espessamento cortical (Lazar *et al.*, 2005) em meditadores com experiência prolongada. Apesar disso, é necessário destacar que algumas dessas modificações incipientes no cérebro dos praticantes podem ser observadas somente após oito semanas de prática (Hölzel *et al.*, 2011). Estudos para analisar correlações biológicas (por exemplo, associadas à resposta ao estresse, como no caso do cortisol ou alfa-amilase) ainda são escassos e apresentam resultados pouco conclusivos (Feliu-Soler *et al.*, 2013; Matousek *et al.*, 2011).

Finalmente, e como era de se esperar, a atenção tem sido consideravelmente estudada no âmbito de mindfulness por meio de distintas provas neuropsicológicas. Quatro áreas parecem estar especialmente associadas a mindfulness: a atenção sustentada, a atenção seletiva, a mudança de foco e a capacidade de monitoramento (Chiesa *et al.*, 2011; Soler *et al.*, 2012). De um modo geral, os trabalhos publicados destacam melhorias leves ou moderadas nessas áreas após intervenções de oito semanas e especialmente após retiros de meditação de um a três meses de duração.

Capítulo 3

Por que e para que praticar mindfulness? Mecanismos de ação e eficácia

Ausiàs Cebolla

Há algo misterioso acerca dessa energia da atenção plena. Não tem cor, nem peso. Não se pode agarrá-la. No entanto, é extremamente poderosa por si só. Quando dirigida a uma sensação dolorosa ou desagradável, leva a uma transformação. É como a antiga ideia da alquimia, que transformaria um metal--base em ouro. O metal-base é nossa ânsia, aversão ou confusão. O fogo é nossa atenção. O recipiente hermeticamente fechado é a concentração e, o ouro que dele sai, a liberação.

Larry Rosenberg, 1998

A pesquisa sobre a busca de evidência das terapias baseadas na prática de mindfulness (TBMs) tem sido a pedra angular das publicações sobre mindfulness nos últimos anos. Seus avanços têm ocupado as páginas das principais revistas internacionais de psicologia e medicina e os resultados de seus estudos têm obtido uma participação cada vez maior em congressos internacionais.

Apesar deste desenvolvimento vertiginoso, não isento de críticas, há um certo esquecimento dos mecanismos de interação ou do estudo dos mecanismos subjacentes que mediam entre a prática de mindfulness e o bem-estar psicológico. Em outras palavras, prestar atenção ao que acontece na mente humana quando praticamos, e que faz melhorar a saúde.

Tanto mindfulness como a meditação permaneceram distantes do mundo acadêmico e até mesmo do universo clínico até o final do século XX. Há muitas explicações para isso, embora o aspecto fundamental tenha sido a falta de um modelo científico contrastante, que pudesse ser compreendido pelas mentes mais céticas. Ou seja, um modelo teórico e evidências científicas capazes de responder com coerência à pergunta "Por que preciso meditar por 45 minutos?" ou, melhor dizendo, "Por que devo recomendar isso ao meu paciente?", "Para que exatamente serve meditar?" Tal fato é relevante, sobretudo devido às reticências iniciais de médicos e psicólogos ao uso de mindfulness, devido à sua origem religiosa ou espiritual, mas também para entender melhor os mecanismos associados, já que podem ajudar a modificar, adaptar ou desenvolver programas de treinamento em mindfulness com o objetivo de beneficiar a maior quantidade de pessoas possível, e no maior número de contextos. O objetivo deste capítulo é responder a essas perguntas, revisar o estado de eficácia das TBMs, bem como rever as diferentes propostas expostas pela literatura científica para explicar os efeitos da prática de mindfulness no bem-estar humano.

COMEÇANDO A CASA PELO TELHADO

Ao dar atenção à literatura centrada em mindfulness, evitando portanto a complexa rede de meditações existentes e de terapias que aplicam alguns módulos ou técnicas de mindfulness, pode-se ver que os primeiros estudos científicos sobre meditação baseada em mindfulness foram propostos por Jon Kabat-Zinn, com o intuito de comprovar a eficácia de seu protocolo *mindfulness-based stress reduction* – MBSR (redução de estresse baseado em mindfulness) aplicado à dor crônica (1982) e à ansiedade (1995). Entretanto, seria injusto afirmar que antes de Jon Kabat-Zinn havia um vazio na área de pesquisa científica sobre mindfulness e meditação. Seu trabalho foi precedido por excelentes contribuições sobre meditação e psicologia, sobretudo em meditação zen e meditação transcendental, consideradas fundamentais ao surgimento deste movimento, embora Kabat-Zinn tenha sido o primeiro a realizar um estudo de eficácia com um protocolo padronizado de treinamento em mindfulness.

Conforme mencionamos, uma revisão das primeiras publicações sobre mindfulness revela que a maior parte das energias concentrou-se no estudo da eficácia (sobre depressão, ansiedade, dor etc.) e apenas após a obtenção de resultados interessantes surgiu a pergunta sobre os mecanismos subjacentes ao seu funcionamento. Desta forma, somente após a chegada da equipe de Zindel Segal, John Teasdale e Mark Williams, com sua terapia cognitiva baseada em mindfulness (MBCT, 2003), surgiram as primeiras hipóteses claras e estudos sobre os mecanismos de ação.

PRATICAR MINDFULNESS... MAS PARA QUÊ? A PESQUISA SOBRE A EFICÁCIA DA PRÁTICA

Assim como ressaltamos nos capítulos anteriores, a literatura científica sobre a eficácia das terapias baseadas em mindfulness para o tratamento de múltiplos transtornos é muito extensa, tendo em conta os poucos anos de pesquisa. Revisões recentes revelam que sobretudo os programas MBSR e MBCT têm sido utilizados com certo grau de eficácia em uma série de transtornos. Segundo as últimas revisões, MBSR é uma terapia útil para melhorar a saúde mental em geral e para reduzir o estresse, a ansiedade e a depressão. Seu uso é recomendado para melhorar a qualidade de vida de pessoas com doenças crônicas.

Em relação aos transtornos concretos, a área de maior êxito, conforme mencionado anteriormente, é no tratamento de depressão, por meio da terapia MBCT (Segal *et al.*, 2004). Revisões científicas indicam que a MBCT é uma terapia eficaz para a prevenção de recaída em depressão (Piet e Hougaard, 2011), permitindo reduzir o risco de recaída em 36% em média, com maior relação custo-efetividade quando comparada ao tratamento com antidepressivos (mais informações no capítulo 5). Atualmente, o programa MBCT tem sido adaptado para a prevenção de recaídas em transtorno bipolar (Perich *et al.*, 2013), sintomas médicos não explicados (Van Ravesteijn *et al.*, 2013) ou transtornos por somatização (Lakhan e Schofield, 2013). Especialmente interessantes são os excelentes resultados obtidos com a aplicação de MBCT em pacientes com depressão grave, resistentes ao tratamento e com histórico de abuso na infância, ou na prevenção de suicídio (Williams *et al.*, 2013). Por outro lado, em relação à eficácia foram detectados alguns pontos que devem ser levados em conta: por exemplo, a eficácia verificada somente em pessoas com três recaídas ou mais, ou a menor eficácia em pacientes com recaída em depressão associada a eventos estressantes ativos no momento da intervenção (Piet e Hougaard, 2011).

Com respeito ao tratamento da ansiedade, devido à diversidade de tais transtornos, há muito mais dispersão e menos estudos controlados em TBM (Hoffman, Swayer, Witt e Oh, 2010). Os dados revelam resultados positivos em ansiedade social, hipocondria ou fobias, embora as maiores pesquisas concentrem-se no tratamento do transtorno de ansiedade generalizada (Hoge *et al.*, 2013), cujo sintoma fundamental é a preocupação excessiva e incontrolável. Os resultados mostram como após a intervenção ocorre redução da ansiedade, menor reatividade ao estresse e melhor qualidade do sono em comparação ao tratamento habitual.

Além disso, as TBMs também são muito eficazes na redução do estresse e na sintomatologia ansiosa e depressiva associada a doenças médicas, como AIDS, câncer, síndrome do cólon irritável etc. (Fjorback *et al.*, 2011). Também são eficazes em variáveis de tipo biológico: por exemplo, após um programa MBCT, um grupo de indivíduos com AIDS apresentou um aumento na contagem de linfócitos (González-García *et al.*, 2013). Em pacientes com câncer, o programa MBSR mostrou uma tendência a trazer os níveis de citoquinas e a atividade dos linfócitos à normalidade (Young, 2011).

Também obtiveram-se resultados muito interessantes no tratamento de adicções. O programa *Mindfulness-Based Relapse Prevention – MBRP* (Prevenção de Recaída Baseada em Mindfulness; Bowen, Chawla e Marlatt, 2013) demonstrou eficácia na prevenção de recaídas no consumo de substâncias. Embora não haja dados conclusivos de eficácia devido aos poucos estudos randomizados realizados até o momento (Penberthy *et al.*, 2013), os resultados obtidos parecem interessantes. Até agora, o melhor estudo concluído na área de adicções é o de Bowen *et al.* (2009). Esse estudo randomizado do programa MBRP foi realizado com 93 usuários, dos quais 45% eram alcoólicos em fase de abandono do consumo. Os resultados apresentaram redução no uso de substâncias, menor ansiedade por consumir, bem como maior aceitação e habilidades de tomada de consciência. Além disso, gerou menor sintomatologia depressiva (Witkiewitz e Bowen, 2010), em relação direta com a menor incidência de ansiedade pelo consumo. Outro ponto de grande interesse foi a aceitação bastante elevada: aproximadamente 86% dos participantes praticaram durante o tratamento e 54% deles deram continuidade à prática ao término da intervenção.

No âmbito da dor, há muitas evidências sobre a eficácia das TBMs na redução da sintomatologia depressiva a ela associada, seu impacto no dia a dia, na redução do estresse e no aumento da qualidade de vida (Chiesa e Serreti, 2011). Mais uma vez, a principal limitação à obtenção de dados conclusivos é o número reduzido de estudos randomizados, delineados corretamente e que permitam tirar conclusões. Segundo uma revisão recente, as TBMs podem ser ferramentas eficazes para trabalhar os fatores psicológicos associados à dor crônica, como tolerância, catastrofização, percepção da dor, aceitação etc. (Chiesa e Serreti, 2011). A tabela 3.1 mostra o status de eficácia das terapias baseadas em mindfulness e suas razões conforme as pesquisas realizadas.

Além desses resultados, é importante dizer que as melhorias percebidas não se limitaram à redução da sintomatologia; as TBMs também se mostraram eficazes no aumento de fatores positivos, como bem-estar psicológico, felicidade, afeto positivo, altruísmo, empatia etc. (Mais informações no capítulo 9).

Em relação aos estudos de eficácia, uma série de considerações devem ser levadas em conta. Em primeiro lugar, até o momento os resultados podem ser generalizados somente em pessoas que mostram interesse e habilidade para participar dos programas; além disso, não há estudos a longo prazo. Nas TBMs, o tema fundamental é a prática, ou seja, as mudanças dependem totalmente do número de horas de prática e, portanto, tais terapias são eficazes somente naquelas pessoas que não apenas participaram dos programas, mas que se envolveram com eles.

Um elemento importante a ser ressaltado é o fato de que as TBMs nunca devem ser utilizadas como substitutas de outra intervenção, mas sim como complemento. Em outras palavras, não se deve optar pelo uso exclusivo de mindfulness prescindindo de outras intervenções individuais, inclusive farmacológicas. As TBMs são úteis para trabalhar uma série de habilidades e são eficazes em muitos aspectos, mas não devem ser utilizadas de forma indiscriminada.

Os resultados sobre a eficácia da TBM não são conclusivos, apesar de serem um convite ao otimismo (Tabela 3.1). Há uma quantidade enorme de estudos controlados sobre TBM sendo conduzidos no momento e a expectativa é apresentar, nos próximos anos, resultados que esclareçam e contribuam com dados sobre quando e onde utilizar TBM, sobretudo frente à sua implantação em um sistema público de saúde.

Tabela 3.1. Eficácia da TBM

Transtornos	Efeitos	Por que é eficaz?
Depressão	– Prevenção de recaídas – Tratamento de depressões leves	– Melhor concentração – Aumento da capacidade de descentramento (*decentering*) ou metacognição – Esclarecimento da especificidade das metas vitais – Redução de ruminação – Aumento de autocompaixão – Redução de reatividade cognitiva
Ansiedade	– Hipocondria – Ansiedade social – Ansiedade generalizada – Fobias	– Redução da preocupação – Facilitar a extinção por meio de maior consciência e atenção a múltiplos estímulos condicionados – Descentramento (*decentering*)
Adicções	– Prevenção de recaídas no consumo de substâncias – Redução do consumo de álcool – Menor incidência de episódios de desejo de consumo.	– Melhora de habilidades de enfrentamento (rejeição de consumo) – Aumento de autoeficácia – Redução de consumo por meio da redução de afeto negativo
Dor crônica	– Dor crônica nas costas – Fibromialgia	– Altera a avaliação contextual de dor – Redução da catastrofização e da sensibilidade à dor – Redução de sintomas psicopatológicos associados – Redução da ansiedade associada à dor

MECANISMOS DE AÇÃO

Assim como descrevemos no início deste capítulo, a eficácia de mindfulness no tratamento de diversos transtornos já era reconhecida antes mesmo de sabermos por quê. Nos últimos anos, tal tendência se inverteu e atualmente a pesquisa sobre os mecanismos de ação desenvolveram-se com grande intensidade, tanto em termos neuropsicológicos (este ponto será revisado no capítulo 8) como no âmbito psicológico. A principal razão para investigar esses mecanismos subjacentes é esclarecer algumas perguntas fundamentais que precisam ser respondidas, entre elas: Para quem a TBM deve ser recomendada? Para quem não deve ser recomendada? Quem pode se beneficiar mais? Como as intervenções podem ser adaptadas às características individuais? Quanto tempo deve durar um treinamento para se aprender o básico?

Outra pergunta fundamental que as pesquisas podem ajudar a responder é "Como devo ensinar mindfulness?", ou seja, a pedagogia do ensino de mindfulness. A forma de ensinar mindfulness melhorou muito graças à pesquisa, em comparação às formas tradicionais/religiosas, que estão baseadas muito mais no insight da prática e na repetição do que no fornecimento de instruções realmente claras sobre como meditar e em como solucionar as dificuldades que surgem enquanto praticamos. A obtenção de um conhecimento maior dos mecanismos subjacentes à mindfulness certamente aclarou muito a transmissão e o aprendizado, dando acesso a um número maior de pessoas e minimizando as desistências.

Existem diversas propostas teóricas sobre os mecanismos subjacentes de mindfulness. Uma das primeiras foi desenvolvida por Ruth Baer (2003), que estabeleceu cinco mecanismos por meio dos quais mindfulness leva à redução dos sintomas e a mudanças de conduta: exposição, alterações cognitivas, autoeficácia, relaxamento e aceitação. Foi deste mesmo modelo que a autora extraiu os fatores do questionário das cinco facetas de mindfulness (Baer *et al.*, 2006) (ver capítulo 2 para mais informações). Outro modelo interessante é o proposto por Shapiro (2006), que sugere que a prática de mindfulness gera um fenômeno denominado *re-percepção*, ou seja, uma mudança de perspectiva (algo semelhante à mudança metacognitiva), catalogada como um metamecanismo e que gera mudanças em quatro níveis: autorregulação, clarificação de valores, flexibilidade cognitiva, emocional e de conduta, e exposição aos eventos internos.

Na excelente revisão realizada por Hölzel em 2011 (tabela 3.2), esta autora e sua equipe expõem cinco mecanismos-chave para entender como a prática de mindfulness afeta a saúde por meio deles: atenção, regulação emocional-valorização, regulação emocional-exposição, consciência corporal e mudanças na perspectiva do *self*.

Tabela 3.2. Mecanismos envolvidos, instruções da prática (onde se estimula), e áreas cerebrais associadas
(Adaptado de Hölzel et al., 2011)

Mecanismos	Instruções da prática	Áreas cerebrais associadas
Regulação da atenção	Sustentar a atenção em determinados pontos.	Córtex cingulado anterior
Consciência corporal	Sustentar a atenção nas sensações corporais: respiração, corpo, emoções etc.	Ínsula, junção temporoparietal
Regulação emocional: revalorização	Gerar novas formas de reagir às emoções: não julgar, aceitar.	Córtex pré-frontal (dorsal)
Regulação emocional: exposição, extinção e reconsolidação	Expor-se àquilo que ocorre na consciência: distanciar-se, não reagir à experiência interna.	Amídala Hipocampo
Mudanças na perspectiva do *self*	Desapego de uma imagem fixa de si mesmo.	Córtex cingulado posterior, ínsula

Apesar de todos esses modelos, este capítulo se aprofundará exclusivamente nos mecanismos que receberam maior validade empírica e teórica: mecanismos atencionais, cognitivos, emocionais e de consciência corporal.

MUDANÇAS NA ATENÇÃO

Quando começamos a praticar mindfulness, um dos primeiros fenômenos detectados é a variabilidade da atenção. A instrução básica de mindfulness é levar a atenção à respiração ou ao corpo e mantê-la, mesmo que ela obviamente se disperse em poucos segundos – quando isso acontecer, deveremos trazê-la gentilmente de volta ao presente. Este movimento atencional também está no centro da prática e é fonte de frustração para os iniciantes. As pesquisas revelam um aumento na capacidade de manter a atenção em um objeto por períodos de tempo mais longos e os meditadores apresentam melhores respostas em tarefas cognitivas atencionais (Jensen, Vangkilde, Frokjaer e Hasselbalch, 2011). De fato, os efeitos positivos de mindfulness na atenção fizeram com que muitos profissionais considerassem seu potencial no tratamento do transtorno de déficit de atenção por hiperatividade (Smalley et al., 2009), embora ainda não haja estudos suficientes para confirmar sua eficácia. Por outro lado, o treinamento em mindfulness já se mostrou eficaz na redução da impulsividade (Soler et al., 2012) em transtornos graves.

Entretanto, a atenção não é apenas um mecanismo subjacente da prática de mindfulness: também é essencial à própria prática de mindfulness e, portanto, podem existir dificuldades no início da prática devido a déficits de atenção, que devem ser levados em conta. Dificuldades atencionais foram identificadas em múltiplos transtornos psicológicos (depressão, transtorno bipolar etc.) e parte da eficácia dos treinamentos em mindfulness pode estar relacionada à importância da atenção na articulação de uma grande variedade de processos de autorregulação. Ainda não foi estudado se realmente as melhoras na atenção têm relação direta com o bem-estar, mas existe um consenso científico sobre sua importância fundamental.

MUDANÇAS COGNITIVAS

Assim como foi apresentado no capítulo 1, a terapia cognitiva baseada em mindfulness (MBCT; Segal, Teasdale e Williams, 2002) é um protocolo baseado em meditação e mindfulness que foi incluído como tratamento eficaz pelo guia do NICE (*National Institute for Health and Care Excellence*) para prevenir recaídas em depressão. O modelo dessa terapia é o exemplo claro de como chegar a mindfulness a partir de um modelo cognitivo, acadêmico e científico, sem a sensação de grandes saltos conceituais. Essa terapia, como já vimos, é uma combinação de treinamento em mindfulness com terapia cognitiva tradicional (Beck, Rush, Shaw e Emery, 1983). A terapia cognitiva parte da premissa de que nos transtornos emocionais existe uma distorção ou viés sistemático no processamento da informação e propõe a modificação dessas distorções e vieses por meio de sua reestruturação, mediante um processo de mudança no qual o terapeuta oferece uma visão alternativa. O objetivo da terapia cognitiva é, portanto, modificar o conteúdo dos pensamentos a partir de um esforço de auto-observação e por meio do diálogo socrático, detectando os componentes irracionais.

Para Teasdale e sua equipe, o que a prática de mindfulness faz não é exatamente modificar o conteúdo do pensamento, mas alterar o modo como se pensa, ou seja, alterar as funções metacognitivas, sobretudo a de descentramento (*decentering*). Qualquer conhecimento ou atividade cognitiva que tenha como objeto qualquer aspecto de qualquer tarefa cognitiva é denominado metacognição, pois seu significado essencial é a cognição da cognição. Isso implica mudar o foco do conteúdo ao processo. Portanto, a mudança crucial em relação à terapia cognitiva clássica é deixar de dar atenção ao conteúdo da cognição para centrar-se no modo como a experiência se processa. Praticar mindfulness é como um treinamento em habilidades de autoconsciência ou auto-observação dos próprios estados mentais, gerando a capacidade de livrar-se de padrões de pensamentos disfuncionais em favor de outros mais funcionais ou de ajuda. Para Teasdale (1995), a longo prazo a prática de mindfulness gera um *insight metacognitivo*, no qual os pensamentos são percebidos somente como pensamentos e não como descrições da realidade. Mindfulness promove a observação de todos os eventos que ocorrem no presente, incluídos os próprios pensamentos, mediante uma auto-observação adaptativa, não julgadora e curiosa. Treina a capacidade de tomar consciência dos próprios pensamentos e observá-los em estado de calma mental.

Esta observação sem julgamento dos pensamentos e das emoções treina a capacidade de observar e raciocinar sobre as próprias cognições, gerando uma distância ou descentramento *(decentering)* da própria experiência, ou seja, metacognição. Ao promover o não julgamento, o que se treina é uma atitude de aceitação, permitindo que o mesmo sujeito aproxime-se de sua forma de pensar e de seus padrões. Após uma TBM, tais alterações cognitivas tornam-se claramente visíveis na redução de estilos cognitivos desadaptativos, como ruminação e preocupação.

Um conceito semelhante associado ao de metacognição é o da reatividade cognitiva; tal conceito refere-se ao grau em que estados disfóricos pontuais ativam padrões de pensamentos depressivos, vieses de atenção, vieses de interpretação ou sintomatologia depressiva leve. Pesquisas revelam que os episódios de depressão estabelecem uma associação entre padrões de pensamento negativo e estado de ânimo triste, que geram vulnerabilidade cognitiva. Essa reatividade cognitiva é reduzida após um treinamento em mindfulness, conforme demonstrado por Raes, Dewulf, Van Heeringen e Williams (2009), permitindo que os estados disfóricos cessem, em vez de continuarem retroalimentando a sintomatologia.

MUDANÇAS EMOCIONAIS

Um dos mecanismos que vem adquirindo mais força é a relação entre alterações emocionais e a prática de mindfulness, sobretudo no que diz respeito à capacidade de regular emoções negativas. Por regulação emocional entende-se o conjunto de processos por meio do qual influenciamos nossas emoções, o momento em que surgem e o modo como as vivenciamos e expressamos (Gross, 1998). Déficits na regulação emocional foram identificados em um grande número de transtornos mentais. Hölzel *et al.* (2011) propõem dois mecanismos envolvidos na eficácia de mindfulness e relacionados à regulação emocional – um deles refere-se à capacidade de revalorização, ou seja, um processo adaptativo por meio do qual os eventos estressantes são reconstruídos como benéficos ou significativos (por exemplo, pensar que podemos aprender algo a partir de uma situação difícil). Esse efeito está relacionado ao treinamento de uma visão não julgadora e curiosa dos estados emocionais. Os resultados das TBMs revelam uma capacidade melhor de revalorizar ou de atribuir novo significado ao sofrimento. Além disso, tais alterações têm uma relação direta com os níveis de estresse (Garland *et al.*, 2011). Por outro lado, existe outro âmbito da regulação emocional que também parece mediar a prática de mindfulness e o bem-estar, que se refere à exposição às emoções ou não reatividade. Esse efeito está relacionado à observação das experiências emocionais sem tentar alterá-las, gerando um fenômeno de exposição. Esse fenômeno, chave no tratamento de fobias, supõe que a exposição a estímulos que provocam temor e a prevenção da resposta tradicional de fuga extinguirá a resposta de medo. Portanto, cuidar de emoções ou sensações desagradáveis sem fugir delas gera, a longo prazo, um aumento na capacidade de regular as emoções. Este aspecto é claramente observado na prática quando surgem experiências, emoções ou sensações desagradáveis – deve-se manter a atenção aí, sem evitar, e observar a experiência de um ponto de vista descentrado, sem identificar-se. Apesar de todas essas considerações, muitos aspectos da relação entre mindfulness e regulação emocional ainda precisam ser avaliados.

CONSCIÊNCIA CORPORAL

Outras instruções básicas de mindfulness referem-se a levar a atenção às sensações físicas do corpo. Na realidade, existe uma prática voltada diretamente a isso (*body scan*; ver capítulo 1). Por consciência corporal entende-se um processo dinâmico e interativo pelo qual se percebem os estados, processos e ações que ocorrem no corpo, tanto no nível interoceptivo como propioceptivo, e que podem ser observados pela própria pessoa (Mehling *et al.*, 2005).

As pesquisas indicam que mindfulness é uma ferramenta eficaz para ampliar a consciência corporal (Naranjo e Schmidt, 2012). Após um treinamento em *body scan* de apenas 15 dias, os participantes de um estudo aumentaram a capacidade de detectar vibrações mínimas em um experimento (Mirams, Poliakoff, Brown e Lloyd, 2013). Entretanto, ainda não foi possível demonstrar por que o aumento de consciência corporal gera mais bem-estar. Neste contexto, um novo movimento cognitivo denominado *embodiment* (cognição corporificada) considera que o corpo participa dos processos cognitivos. A partir desse modelo, alguns autores (Michalak, Burg e Hidenreich, 2012) propõem que parte das mudanças geradas pelas TBMs estão relacionadas à mudança de processos cognitivos complexos, a partir de alterações que ocorrem no corpo (postura corporal, gestos etc.). O modelo original do qual parte a MBCT é o modelo de *Subsistemas Cognitivos Interativos* de Barnard e Teasdale (1991). De acordo com esse modelo, a cognição humana divide-se em dois subsistemas:

proposicional (verbal) e implicacional (não verbal, corporal), que se retroalimentam continuamente. Para entender a depressão é necessário incluir o modelo implicacional, já que alimenta a engrenagem depressiva retroalimentando o ciclo da depressão mediante determinadas emoções e sensações que ativam padrões cognitivos.

Embora o corpo faça parte do modelo e existam muitas teorias sobre seu papel nas TBMs, há poucas evidências. Em um estudo interessante, Sauer-Zavala, *et al.* (2012) mediram o efeito diferencial de diversas técnicas típicas associadas às TBMs. Os resultados mostraram como o *body scan,* em comparação com uma meditação sentada, gerava maior redução de ruminação e aumento da capacidade de descrever os eventos. Segundo Michalak, Burg e Hidenreich (2012), o corpo é importante nas TBMs, pois serve de âncora na prática. Por exemplo, observou-se que as pessoas que estão conectadas com seu corpo enquanto praticam respiração têm menos distrações e menores níveis de ruminação. Por outro lado, o corpo é o lugar onde surge a emoção e serve como espaço de observação, porém não uma observação qualquer, mas sim uma observação adaptativa, baseada no presente e não julgadora, facilitando dessa maneira a exposição ou aproximação aos eventos emocionais desagradáveis, e serve portanto como antídoto para a evitação das emoções (Michalak *et al.,* 2012). Finalmente, o corpo também é um elemento fundamental na pedagogia de mindfulness, já que é para ele que o terapeuta convida a olhar (Segal *et al.,* 2013) quando algo convida a sair da prática ou quando surgem pensamentos e emoções difíceis.

CONCLUSÕES

Em suma, os resultados da eficácia das intervenções baseadas em mindfulness são muito animadores, ainda que careçam de dados empíricos sólidos que permitam comprovar sua eficácia, elemento fundamental para a aplicação no âmbito da saúde pública. Por outro lado, os resultados da tabela 3.1 permitem ver que, na realidade, mindfulness não pode ser entendido como uma intervenção específica para um tratamento, mas sim como algo voltado ao desenvolvimento de habilidades que modifiquem as respostas emocionais e afetivas, subjacentes a muitos transtornos psicológicos. Em consequência, mindfulness tem sido considerada uma intervenção transdiagnóstica (Baer, 2007), isto é, trabalharia processos psicopatológicos que compartilham muitas categorias diagnósticas. Mindfulness está muito distante do conceito de panaceia, ou seja, não deve ser aplicada para todos e para tudo, como uma ferramenta mágica, mas requer um trabalho de estudo exaustivo para se determinar quando, como e por que utilizá-la. Finalmente, um elemento fundamental e que deve ser amplamente estudado é a pedagogia de mindfulness, ou seja, investigar a maneira ótima de ensinar mindfulness.

A pesquisa sobre os mecanismos subjacentes pode dar luz a como gerar um modelo pedagógico fundamentado na investigação, flexível e adaptável às características dos indivíduos, para que desta maneira as TBMs cheguem ao maior número de pessoas possível, minimizando o abandono dos tratamentos a partir da minimização das dificuldades que surgem na prática.

Capítulo 4

Mindfulness e neuroimagem. O cérebro das pessoas que praticam

Ignasi Cifre e
Joaquim Soler

> *E se a pergunta não for "Por que raras vezes sou a pessoa que realmente quero ser?" mas "Por que raras vezes quero ser a pessoa que realmente sou?" Como isso mudaria o que você acredita que tem que aprender?*
>
> The dance. Moving to the Rhythms of Your True Self
> Oriah Mountain Dreamer, 2001

Na atualidade, as técnicas de neuroimagem permitem-nos conhecer em detalhes o que se passa em nosso cérebro tanto no nível funcional (explicando os processos que ocorrem quando realizamos uma tarefa, bem como as áreas que se encarregam da manutenção basal de nosso corpo quando estamos em repouso) quanto no nível estrutural (detectando alterações no volume tissular das substâncias cinzenta e branca). Embora essas técnicas sejam bem conhecidas, cabe fazer uma breve introdução neste capítulo para que possamos entender melhor os resultados oferecidos por estudos relacionados aos efeitos das práticas de mindfulness, que serão detalhados em seguida. Ao longo dos últimos anos houve um grande crescimento de pesquisas que estudam quais mudanças se produzem na prática da meditação tanto no nível funcional como anatômico. O grande núcleo desses estudos coincide em três estruturas básicas relacionadas com a prática de mindfulness:

1. O córtex cingulado anterior (de agora em diante CCA) e sua implicação na atenção;
2. A ínsula (INS), relacionada com a consciência do próprio corpo; e
3. O córtex pré-frontal (CPF), vinculado à regulação das emoções.

TÉCNICAS FUNCIONAIS DE NEUROIMAGEM BASEADAS EM RESSONÂNCIA MAGNÉTICA

A neuroimagem funcional permite-nos visualizar as mudanças na ativação produzidas em diferentes áreas do cérebro. A técnica mais utilizada neste campo é a ressonância magnética funcional *(Functional Magnetic Resonance Imaging, fMRI)*. Para que a ressonância magnética funcional registre a atividade neuronal em uma área do cérebro é necessário haver um aumento de sangue na área em questão. Para efeitos práticos, quando um indivíduo é introduzido em um escâner de ressonância, as imagens funcionais produzidas permitem obter diversos cortes do cérebro (normalmente 35 cortes, desde a parte superior do crânio até a parte basal do cerebelo), com uma determinada resolução (a maior parte dos estudos trabalha com matrizes de 64 x 64); assim, obteremos uma imagem tridimensional cujos paralelepípedos resultantes são chamados de voxels. Cada voxel será composto por uma intensidade de sinal no momento da aquisição da imagem. Nesses estudos, o processo é repetido pelo tempo necessário, resultando em uma série temporal de volumes completos do cérebro.

Assim, os estudos com ressonância magnética funcional permitem observar mudanças durante a execução de uma tarefa ou até mesmo quando o indivíduo permanece em repouso. Tradicionalmente essa técnica vem sendo usada para estudar a atividade resultante da realização de tarefas e estudos mais recentes centram-se na conectividade entre áreas do cérebro (baseando-se na coativação de duas áreas no tempo). O principal inconveniente dessa técnica está associado à precisão temporal fornecida: o sinal BOLD (Blood Oxygenation Level Dependent) é lento e as imagens adquiridas pelo escâner são da ordem de uma imagem completa do cérebro a cada 1,5 segundo, aproximadamente. Considerando isso, em termos de resolução temporal não há como competir com o eletroencefalograma; ainda assim, a ressonância permanece sendo a técnica mais utilizada devido à alta resolução espacial proporcionada.

QUE ESTRUTURAS ENTRAM EM JOGO DURANTE A MEDITAÇÃO?

Em um recente artigo de revisão (2011), Hölzel *et al.* separavam os diferentes âmbitos de estudo da meditação em quatro características: regulação da atenção, consciência do próprio corpo, regulação das emoções e a mudança de perspectiva do *self*. Este capítulo centra-se em cada uma das áreas envolvidas nesses processos e nos estudos que as examinaram a partir da neuroimagem. Assim, a área que desempenha o papel principal na regulação da atenção é o CCA (subdivisão 1); a INS é a principal envolvida na consciência do próprio corpo (subdivisão 2); o CPF (subdivisão 3) é a área mais estudada em pesquisas sobre a regulação da emoção. Cabe destacar que essas não são as únicas áreas envolvidas em cada um desses processos; outras áreas serão detalhadas ao longo do capítulo.

1. O córtex cingulado anterior e a atenção

A atenção desempenha um papel central em mindfulness. Se a atenção é distraída por outro estímulo, o recomendado é voltar gentilmente ao foco original. Alguns exercícios buscam desenvolver uma atenção focal enquanto outros expandem o foco de observação para objetos mais amplos ("monitoramento aberto"). Embora a atenção inclua muitos aspectos, quatro áreas estariam associadas à meditação: atenção sustentada (capacidade de manter-se vigilante e alerta), atenção seletiva (capacidade de selecionar determinada informação para um processamento cognitivo adicional), mudança de foco (capacidade para mudar o foco de atenção de um foco a outro) e capacidade de monitoramento (capacidade para detectar se a mente está divagando) (Jha, Krompinger e Baime, 2007; Soler, Valdepérez, Feliu-Soler, Pascual, Portella, Martín-Blanco, Álvarez e Pérez, 2012). Para Chiesa, Calati e Serretti (2011), as melhorias na atenção estariam associadas ao tipo de prática utilizada. Por exemplo, a atenção seletiva se desenvolveria nas fases mais iniciais, em que se pratica a focalização atencional, ao passo que outras áreas (como a atenção sustentada) estariam mais relacionadas com práticas posteriores como a de monitoramento aberto, nas quais a atenção é ampla e desprovida de um objeto de observação pré-estabelecido. Contudo, qual seria o principal mecanismo neural que responde às demandas atencionais e quais os estudos realizados com meditadores nessa área?

Um dos primeiros estudos que investigou as mudanças cerebrais durante a prática da atenção sustentada foi realizado por Lazar *et al.* (2000). Meditadores de longa experiência (que praticavam yoga há mais de quatro anos) foram instruídos a centrar a atenção na construção de nomes de animais. Esse estudo apresentou mudanças na ativação de diversas áreas, entre as quais a do CCA, que começou a aparecer repetidamente em estudos funcionais envolvendo diversos tipos de meditação. Em estudos mais atuais, Hölzel *et al.* (2007) também estudaram meditadores de longa data (neste caso, com uma experiência de mais de dois anos de meditação) em comparação com sujeitos controle. Os sujeitos realizaram duas tarefas: em uma delas, foram solicitados a centrar em sua respiração e, na outra, pedia-se que realizassem cálculos aritméticos. A tarefa atencional centrada na respiração refletiu uma maior ativação no CCA rostral e no CPF dorsomedial.

Esses estudos forneceram-nos pistas, indicando uma correlação entre maior nível de treinamento atencional e maior ativação do córtex cingulado. No entanto, Brefczynski-Lewis (2007) mostraram que quando a experiência em meditação aumenta, é possível que investir recursos para a atenção se torne supérfluo, podendo diminuir a ativação dessa área. Esse estudo foi realizado com meditadores de média e longa data e mostrou que os meditadores de longa data apresentaram uma queda da ativação cerebral em comparação aos de média data; esta forma de U invertido é explicada pelos autores como um efeito de que é desnecessário investir recursos atencionais quando já se é experiente. Esse estudo agrega complexidade à pesquisa dos efeitos cerebrais da prática da atenção sustentada, já que a obtenção de um determinado nível de experiência acaba alterando o nível de recursos que o cérebro dedica à prática. Também é interessante observar que o estudo detecta diferentes níveis de ativação em duas áreas cerebrais em função do número de horas de prática acumuladas pelo sujeito. Isto ocorre no nível do CCA direito, fato que os autores relacionam com um perfil de ativação da rede neural em modo padrão, e com a menor ativação da amídala perante sinais acústicos aversivos, o que pareceria estar relacionado com uma menor reatividade emocional a estímulos aversivos. Ambos os achados – por serem sensíveis ao grau de experiência – sugeririam um fenômeno de neuroplasticidade induzido pela meditação.

Um estudo mais polêmico (devido à obtenção de resultados em um período de treinamento muito curto) é o de Tang *et al.* (2009), que demonstrou que cinco dias de "treinamento integrado corpo-mente"

(*Integrative mind-body training*) produz mudanças na ativação do CCA (em termos concretos, na parte subgenual e ventral adjacente). As partes do córtex apresentadas costumam se relacionar mais com o controle autônomo que a parte rostral mostrada por outros estudos e costumam estar mais associadas a estados de repouso que a tarefas de demanda atencional. Gard *et al.* (2012) realizaram um estudo aplicando estimulação elétrica dolorosa em meditadores e sujeitos controle. Os resultados revelaram que os meditadores – mas não os sujeitos controle – conseguiram reduzir a dor e a ansiedade antecipatória, mostrando maiores ativações na INS direita e na parte dorsal do CCA.

Os estudos citados anteriormente baseiam-se na ativação funcional de diversas áreas do cérebro, porém o que acontece quando nos fixamos na estrutura? Um dos trabalhos pioneiros nesta área foi realizado por Sara Lazar *et al.* (2005), que ao comparar sujeitos meditadores – com experiencia média entre 7 e 9 anos, meditando cerca de 40 minutos por dia – a indivíduos sem experiência meditativa, encontrou maior espessura cortical na INS, no córtex somatossensorial, em áreas frontais e no córtex visual e auditivo. Além disso, o córtex nas áreas frontais (zonas 9 e 10) dos sujeitos meditadores na faixa de 40-50 anos apresentava a mesma espessura que a de sujeitos controle de 20-30 anos, o que sinalizaria que a meditação poderia promover a preservação das zonas corticais relacionadas com a atividade meditativa.

Em 2010, Grant *et al.* realizaram um estudo no qual se avaliava a espessura do córtex cerebral de acordo a uma alta ou baixa sensibilidade à dor e segundo o sujeito praticar ou não meditação. Os resultados relacionados com os meditadores mostraram maior espessura do CCA e de áreas somatossensoriais secundárias. Esse estudo demonstrou como a prática da meditação está vinculada a aumentos na espessura dessas áreas, e o fato de que estas também estão vinculadas à sensibilidade à dor e às emoções nos faz intuir que a prática da meditação pode ser de utilidade no tratamento de doenças como a dor crônica. Tang *et al.* (2010) também realizaram um estudo analisando modificações em um trato de substância branca que conecta o CCA e outras áreas do cérebro em um grupo de não meditadores, após algumas sessões de treinamento de onze horas. Assim como em seu estudo anterior com ressonância magnética funcional, devemos considerar esses dados com cautela devido à grande polêmica criada na área, questionando se tão pouco tempo de treinamento poderia acarretar mudanças estruturais tão profundas. Seguindo a mesma linha, Hölzel *et al.* (2010) observaram modificações estruturais em diferentes zonas corticais, partindo também de uma intervenção relativamente curta: 8 semanas, com uma média de prática meditativa de 27 minutos por dia, seriam suficientes para induzir mudanças em estruturas como o hipocampo esquerdo, o córtex cingulado posterior, a junção temporoparietal e o cerebelo.

Em resumo, e apesar da diversidade dos achados, pareceria que o CCA junto a outras áreas – como o CPF medial ou áreas somatossensoriais secundárias – mostraram mudanças quando se pratica meditação a longo prazo, e, em estudos atuais (Dickenson, 2013), inclusive em principiantes. Esses estudos podem dar origem a futuros tratamentos de doenças que envolvam déficits de atenção (Van de Weijer-Bergsma *et al.*, 2012).

2. A ínsula e a consciência do próprio corpo

A capacidade de perceber sensações corporais ou de prestar atenção ao próprio corpo tem sido descrita como uma das principais características da prática de mindfulness. De fato, em grande parte dos exercícios incluídos nas práticas de mindfulness, o objeto de atenção – seja focal ou amplo – é uma sensação física. Por exemplo, é o que acontece no caso da observação da sensação física da respiração nas narinas ou a observação das sensações que surgem em todo o corpo na exploração corporal.

Esta característica tem fortes implicações adaptativas, já que a capacidade de ser mais ou menos sensível, por exemplo, às sensações térmicas que acontecem em nosso corpo fará com que nos adaptemos melhor e mais rápido ao nosso ambiente. Diversas patologias apresentam déficits relacionados a vários tipos de sensibilidade (térmica, tátil etc.) e, por isso, melhorar essa característica pode ser de importância vital para esses pacientes (Martinez-Jauand et al., 2012). Melhoras nessa característica foram descritas em meditadores a partir de autorrelatos (Hölzel et al., 2011). Por exemplo, durante entrevistas realizadas em 2007, Hölzel et al. observaram que 7 em cada 10 meditadores deram-se conta de uma experiência mais diferenciada das sensações corporais e quatro deles maior consciência emocional. Entretanto, mais uma vez, queremos estudar quais as mudanças que ocorrem no cérebro no momento de aprimorar essa característica e qual a área do cérebro envolvida. Em vários estudos, a INS foi destacada como a principal estrutura envolvida (Farb, 2007; Farb, 2010; Grant, 2010) e apontada como uma das principais responsáveis na interocepção (Craig et al., 2003; Lazar et al., 2005).

Um dos estudos de maior repercussão sobre a autoconsciência é o realizado por Farb et al. em 2007, que usaram a fMRI (ressonância magnética funcional) para comparar sujeitos sem experiência prévia com sujeitos que participaram de um curso de mindfulness de oito semanas. Nesse estudo os autores fizeram a distinção entre duas formas diferentes de autoconsciência, ou "eu": o "eu narrativo", caracterizado por um fluxo da consciência não ancorado temporalmente e propenso à elaboração mental, e o "eu experiencial" que, em oposição ao primeiro, está centrado no presente e é consciente, momento a momento, do que pensa e sente, sem fundir-se com seus pensamentos. Os resultados mostram como em ambos os casos os sujeitos que fizeram o curso de mindfulness apresentaram redução de atividade no CPF medial (relacionado ao "eu narrativo") e aumento do processamento lateral, na INS e no córtex somatossensorial secundário (mais relacionado ao "eu experiencial"). Os autores destacaram como os padrões de conectividade entre experiências passadas ("eu narrativo") e presentes ("eu experiencial") podem se diferenciar e atuariam de modo independente após um treinamento em mindfulness, o que daria uma base neural a este aspecto fundamental na prática de mindfulness. Um exemplo dessa importância é o estudo realizado por Farb *et al.* em 2010, que mostrou imagens com conteúdo emocional a sujeitos sem experiência em meditação e a sujeitos que fizeram o curso de oito semanas mencionado anteriormente. Os sujeitos que haviam participado do curso apresentaram menores ativações quando expostos às imagens com conteúdo emocional triste e, por sua vez, menores índices de depressão que os sujeitos que não haviam participado do curso.

Seguindo com a implicação da INS na gestão das emoções, estudos como o de Crichley *et al.*, em 2004, marcaram a base empírica do envolvimento da INS não apenas no âmbito funcional, mas também estrutural. Em sujeitos que realizaram uma tarefa interoceptiva, a densidade da substância cinzenta nessa área foi positivamente correlacionada com a efetividade na tarefa. Estudos com meditadores produzirão resultados semelhantes, já que estes sujeitos estão treinados nessas tarefas por um período mais longo de treinamento e, portanto, com maior eficácia interoceptiva e maior densidade da INS. Neste campo, destaca-se um estudo realizado por Hölzel *et al.* em 2008, com meditadores de longa experiência. Os autores mediram a densidade da substância cinzenta nas áreas envolvidas previamente na meditação e encontraram aumentos da substância cinzenta em áreas da INS anterior direita, confirmando os resultados prévios de Lazar *et al.* (2005), que observaram uma espessura maior dessa mesma estrutura em meditadores.

3. O córtex pré-frontal e a regulação das emoções

Dado que os meditadores experientes apresentam maior ativação e densidade do córtex nas áreas relacionadas com a atenção e consciência do próprio corpo, conforme vimos em seções anteriores, seria esperado que também tivessem maior sensibilidade à dor, já que podem estar mais atentos a tudo que lhes estiver prejudicando. No entanto não é assim, muito pelo contrário, os meditadores parecem ter maior tolerância à dor. Uma revisão recente (Khoury et al., 2013) identificou até 17 trabalhos que analisaram o potencial terapêutico de mindfulness na dor. Estudos como os de Grant et al., realizado em 2011, mostram que praticantes de meditação zen apresentam limiares de sensibilidade à dor mais elevados que os de sujeitos que não meditam. Neste ponto entra em jogo a regulação, enfatizada por Hölzel et al., 2011, como outra característica básica da meditação. Parece que, mais que um efeito de reduzida ativação de determinadas áreas, tal fato está relacionado com a reduzida conectividade entre elas. Na última década, estudos com ressonância magnética funcional deixaram de observar unicamente as mudanças na ativação de determinadas áreas e passaram a observar as relações funcionais existentes entre elas (Sporns et al., 2000, Liu et al., 2009). Deste modo, entendemos conectividade funcional entre duas estruturas a existência de flutuações de sinal BOLD (Blood Oxygenation Level Dependent) correlacionadas; assim, quando observamos ativação em uma área, também a observaremos na outra. A conectividade tem sido relacionada com funções complexas que diferentes estruturas do cérebro estão realizando de maneira combinada. Neste sentido, o estudo de Grant et al. mencionado anteriormente descreve uma maior ativação de áreas tipicamente relacionadas à dor, como a INS, o tálamo, CCA, CPF, entre outras (Gracely et al., 2002; Price, 2000; Cifre et al., 2012); se observamos apenas esta maior atividade poderia parecer que os meditadores estariam sentindo mais dor que os não meditadores, o que contrastaria com os baixos resultados obtidos quando lhes foi pedido que avaliassem sua dor. Quando os autores avaliam a conectividade dessas estruturas, constatam que em meditadores há uma redução da conectividade entre essas áreas, o que relacionam com uma regulação da dor.

Nesta linha, diversos autores estudaram o papel do CPF diante de tarefas de regulação das emoções. Por exemplo, os primeiros a estudar esse ponto foram Creswell *et al.*, em 2007, que pediram a meditadores que realizassem uma tarefa de reconhecimento das emoções, resultando em uma redução da conectividade entre o CPF e a amídala direita em relação aos participantes que não praticavam meditação. Os autores associam esses resultados ao fato de que os meditadores tendem a tratar os estados emocionais como "objetos" de atenção. Tratar tais estados como produtos mentais transitórios permite ao meditador manter um maior grau de distanciamento da experiência emocional. Isso contrasta com a forma habitual de pensar e sentir, na qual as emoções e pensamentos são considerados como se fossem "fatos" ou "realidades".

Outros autores obtiveram resultados nessa mesma direção (Hölzel *et al.*, 2007 e Farb *et al.*, 2007), embora seja importante destacar outros pesquisadores, como Goldin *et al.* em 2010, que destacaram a amídala como a principal participante na regulação das emoções. Esses autores estudaram a regulação da ansiedade mediante técnicas de meditação, mostrando redução na atividade da amídala após a realização de um treinamento.

No entanto, esses estudos não se limitaram à regulação das emoções. Em 2007, Hölzel *et al.* separaram dois componentes básicos dessa regulação: a reavaliação e a extinção do medo. A reavaliação baseia-se no fato de que eventos estressantes são reconstruídos como um benefício para a pessoa; nesse sentido, Modinos *et al.* realizaram em 2010 um estudo no qual estudantes universitários teriam que reavaliar imagens com conteúdo emocional negativo. Este processo deu como resultado a ativação do CPF dorsolateral e uma conectividade negativa com a atividade da amídala. A extinção consiste em aceitar os processos corporais e suas respostas afetivas provenientes do medo, de modo que se extinguam ao não haver reatividade diante deles. Esse aspecto foi pouco estudado em meditadores pelo prisma da neurociência, embora estudos em outros campos o vinculem ao CPF ventromedial e à sua conectividade com outras estruturas, como o hipocampo (Milad et al., 2007; Banks et al., 2007) ou a amídala (Phelps et al., 2005).

ONDE SE ENCONTRA O ESTUDO DA MEDITAÇÃO NA NEUROCIÊNCIA ATUAL? MINDFULNESS E REDE NEURAL EM MODO PADRÃO (DEFAULT MODE NETWORK)

Uma vez identificadas as áreas implicadas em cada um dos componentes da meditação, as pesquisas atuais propõem que a prática de mindfulness poderia comportar mudanças na rede neural em modo padrão (*Default Mode Network*, DMN). A DMN compreende uma série de regiões cerebrais interconectadas, localizadas no córtex frontal ventromedial e dorsomedial, cíngulo anterior e posterior, pré-cúneo, córtex parietal lateral e hipocampo (Greicius et al., 2004). Essa rede estaria ativada em estados de repouso, enquanto o sujeito realiza *mind-wandering* (divagação mental), ou seja, sem focar sua atenção em estímulos externos particulares; sua ativação também foi relacionada à memória autobiográfica e a processamentos autorreferencias (Buckner et al., 2008). Paralelamente, haveria outra rede neural denominada *Task Positive Network* (TPN), que se correlacionaria negativamente com a DMN e se ativaria quando o sujeito se expõe a estímulos externos, por exemplo, ao realizar uma tarefa cognitiva. A TPN incluiria regiões do córtex pré-frontal dorsolateral, regiões temporomedial, áreas motoras e o lobo parietal inferior (Bluhm et al., 2007). Alguns autores estudaram a relação entre a conectividade funcional (CF) da DMN e a prática de mindfulness em indivíduos saudáveis, tanto em estados de repouso como durante diferentes tipos de exercícios de mindfulness. Um exemplo é o estudo de Brewer *et al.* (2011), que investigou a CF da DMN em indivíduos que praticavam mindfulness habitualmente, em comparação a outros que não praticavam. Os resultados indicam, por um lado, menor ativação de dois dos principais nodos da DMN (Córtex Cingulado Posterior – CCP, e Córtex Pré-Frontal Medial – CPFm) e, por outro lado, um padrão diferencial de CF, tanto durante o repouso como durante os exercícios de mindfulness. Jang *et al.* (2011) também reportaram maior CF na DMN em sujeitos meditadores (CPFm), sugerindo que a prática meditativa está associada a alterações funcionais em áreas da DMN, inclusive quando não se está praticando. Em resumo, os estudos existentes sugerem padrões diferenciais de CF em sujeitos meditadores que seriam consistentes com um *mind-wandering* reduzido, maior consciência do momento presente e um processamento autorreferencial distinto do encontrado em não meditadores (Brewer *et al.*, 2011; Taylor *et al.*, 2013).

PATOLOGIA E MINDFULNESS

Mais além da investigação de quais áreas do cérebro estão implicadas na prática da meditação, os estudos atuais estão começando a centrar-se em averiguar que utilidade prática isto tem no tratamento de diversas patologias, com o intuito de gerar melhores intervenções ou para prevenção. Apesar do grande número de estudos nos quais se utiliza mindfulness e meditação para tratar patologias psiquiátricas, como as recaídas na depressão, diversas formas de ansiedade ou em prevenção de recaídas em adicções (Khoury *et al.*, 2013), até hoje existem poucos estudos que analisem também o substrato cerebral implicado, mas trataremos de introduzir os mais relevantes. Paul *et al.*, em 2013, conduziram um estudo para verificar como a prática de mindfulness poderia prevenir a depressão. Mediante ressonância magnética funcional, os 19 participantes realizaram uma tarefa de respiração e outra de indução de estresse. Os resultados mostraram que a não reatividade estava inversamente correlacionada com a vulnerabilidade à depressão e, por sua vez, com a atividade na INS. Tais resultados revelam como a prática de mindfulness pode conferir proteção em situações estressantes, já que é capaz de promover uma resposta melhor a estímulos emocionais negativos.

A melhora da ansiedade tem sido relacionada com a avaliação emocional de estímulos externos, portanto era de se esperar que as pessoas que praticam mindfulness – conforme já mencionado neste capítulo – tivessem a capacidade de reduzir a ansiedade. Zeidan *et al.* (2013) publicaram recentemente um estudo no qual os participantes foram submetidos a quatro dias de treinamento em mindfulness e conseguiram reduzir a ansiedade em cada sessão em que meditaram. Esses estudos devem ser tomados com cautela, pois tal como comentam os autores esta redução da ansiedade pode dever-se ao próprio relaxamento proporcionado pelo treinamento – por terem os participantes conseguido se distrair de sua ansiedade –, dado que após a conclusão do treinamento os níveis de ansiedade voltaram a aumentar.

Outro transtorno trabalhado a partir da meditação é o transtorno bipolar, no qual os pacientes sofrem de níveis aumentados de ansiedade e má regulação das emoções. O primeiro estudo a esse respeito realizado com ressonância magnética funcional foi conduzido por Ives-Delieri *et al.* (2003), que treinou pacientes e indivíduos saudáveis na prática de mindfulness. Os resultados mostraram como os pacientes apresentavam uma redução da atividade do CPF medial e uma redução da ansiedade e má regulação das emoções.

Para concluir, neste capítulo vimos como determinadas áreas do cérebro funcionam de maneira diferenciada em meditadores em comparação a pessoas que não praticam a meditação. As áreas tratadas mais relevantes são:

a) o córtex cingulado anterior, relacionado com a atenção;
b) a ínsula, relacionada com a consciência do próprio corpo, e
c) diversas seções do córtex pré-frontal, que estão relacionadas com a regulação das emoções.

O campo da neuroimagem está avançando de maneira extraordinária no entendimento da utilidade da prática de mindfulness; prova disso são os estudos de conectividade e em repouso apresentados. No entanto, apesar desses importantes avanços, assim como vimos no campo da patologia, ainda precisaremos trabalhar muito para esclarecer os níveis afetados pelo treinamento do cérebro.

Capítulo 5

Mindfulness pode ser utilizado no Sistema de Saúde?

Marcelo Demarzo
e Javier García-Campayo

Realiza cada ação como se fosse o último ato de tua vida.

Meditações, Marco Aurélio

Um dos principais desafios de toda terapia, incluídas as terapias baseadas em mindfulness (TBMs), é transferir os estudos de eficácia desenvolvidos em condições controladas para a prática clínica rotineira dentro dos sistemas nacionais de saúde. Um bom exemplo é o caso do Reino Unido, o país mais desenvolvido em termos da implementação das TBMs em um sistema nacional de saúde. Ali, a MBCT (*Mindfulness-Based Cognitive Therapy*), aplicada a pacientes com histórico de dois ou mais episódios de depressão grave e com risco de recaídas, é recomendada nos guias clínicos baseados em evidências científicas (National Institute for Clinical Excellence, NICE)*, e sua implementação no sistema de saúde é uma prioridade (Crane e Kuyken, 2012; Kuyken *et al.,* 2012). Apesar disso, apenas uma

---
* http://guidance.nice.org.uk/CG90.

pequena parte dos serviços de saúde mental do Reino Unido oferecem, sistematicamente, as TBMs para depressão (Crane e Kuyken, 2012; Kuyken *et al.*, 2012). Neste capítulo faremos uma reflexão sobre a implementação das TBMs nos sistemas de saúde, identificando suas possíveis barreiras e vantagens, e mostrando os caminhos futuros para uma consolidação efetiva.

O QUE SABEMOS SOBRE A IMPLEMENTAÇÃO DE MINDFULNESS NOS SERVIÇOS DE SAÚDE?

Um estudo recente sobre a implementação das TBMs no Reino Unido, em especial a MBCT, confirma a existência de uma grande variedade de fatores que devem ser levados em conta para que este tipo de intervenção seja desenvolvido corretamente e com êxito. Um dos aspectos fundamentais parece ser a elaboração de um plano estratégico de implementação das TBMs nos serviços, tanto no âmbito nacional como regional e local (Crane e Kuyken, 2012). Já se demonstrou que a existência de um plano estratégico está associada à maior oferta das TBMs, melhor apoio aos profissionais interessados em obter formação para oferecer tais serviços, maior e mais apropriado encaminhamento aos grupos de mindfulness, melhor compreensão do que é mindfulness e seus benefícios aos pacientes, existência de espaços e locais adequados ao desenvolvimento dos grupos e apoio administrativo apropriado dentro dos serviços de saúde (Crane e Kuyken, 2012). Deste modo, parece fundamental que a implementação das TBMs seja um investimento com visão a longo prazo.

Outro fato fundamental é que os profissionais possam provar em primeiro lugar essas intervenções, diminuindo resistências e preconceitos frente a elas, e constituindo um fator essencial à implementação de mindfulness no sistema de saúde (Crane e Kuyken, 2012). Um número considerável de serviços também oferece treinamento em mindfulness para seus funcionários (Crane e Kuyken, 2012).

Outros temas relevantes destacados nesse estudo (Crane e Kuyken, 2012) são:

— A maioria (60%) dos profissionais que poderia encaminhar pacientes para grupos de mindfulness não tem conhecimento suficiente sobre as TBMs.
— A existência de um especialista dentro do serviço incrementa as possibilidades de êxito.
— Muitos centros (62%) não possuem espaços adequados para oferecer atividades em grupo.
— Falta estrutura administrativa que facilite as aulas de mindfulness (72%).
— A concorrência com outras demandas do dia a dia dos serviços é enorme.
— Faltam recursos para a formação e supervisão dos profissionais que vão ministrar as aulas.
— A colaboração dos serviços de atenção primária com a universidade aumenta o êxito da implementação, bem como a existência de um ou mais líderes do projeto de implementação das TBMs nos serviços (Crane e Kuyken, 2012).

A tabela 5.1 resume os pontos fundamentais à implementação das TBMs nos serviços de saúde. Outros temas essenciais à implementação de mindfulness nos sistemas de saúde e que não estão suficientemente desenvolvidos são: pesquisas sobre os efeitos a longo prazo das TBMs em diferentes doenças (principalmente crônicas); identificação dos efeitos colaterais "positivos" de mindfulness (melhora da qualidade de vida, reforço de valores ético-pessoais) e também os efeitos não esperados (adversos); comparação de efeitos em distintas populações étnica e culturalmente diferentes; investigação da relação custo-efetividade de diversos modelos e formatos de TBM, incluindo a oferta via web e por outras tecnologias de informação e comunicação;

análise da forma de financiamento das TBMs pelos serviços; análise da melhor área para o fornecimento das TBMs (por exemplo, dentro de serviços de saúde ou em colaboração com outras áreas, como locais de trabalho, escolas e centros comunitários); desenvolvimento de guias clínicos para profissionais com indicações baseadas na evidência e as maneiras de encaminhamento de pacientes para as TBMs; avaliação das atitudes e aceitabilidade de mindfulness entre profissionais de saúde; pesquisas sobre os efeitos de mindfulness na comunicação com os pacientes, nos erros clínicos e na diminuição de más práticas e discussão dos requisitos básicos e avançados da formação para profissionais (McCabe Ruff e Mackenzie, 2009).

Tabela 5.1. Pontos fundamentais a serem considerados por gestores e profissionais para a implementação das TBMs em serviços de saúde nacionais ou locais

— Plano estratégico de implementação e avaliação, definindo os atores-chave e líderes do processo.

— Supervisão da formação dos profissionais e guias de boas práticas de mindfulness.

— Tempo suficiente para que os profissionais preparem e conduzam os grupos, incluindo o tempo necessário para avaliar e orientar os pacientes antes, durante e depois dos programas.

— Lugar adequado para proporcionar o espaço necessário aos grupos (2 metros quadrados por pessoa são ideais), com materiais suficientes (almofadas, esteiras, colchonetes, mantas) e condições ambientais adequadas (em termos de temperatura e ruído).

— Materiais de apoio necessários à prática de mindfulness (manuais, CD com práticas audiovisuais guiadas, aplicativos móveis, páginas da web etc.)

— Apoio administrativo para o desenvolvimento dos grupos, incluindo os equipamentos necessários (computadores, multimídia etc.).

ATENÇÃO PRIMÁRIA: A PORTA DE ENTRADA DE MINDFULNESS NOS SISTEMAS DE SAÚDE

A atenção primária (AP) é a porta de entrada dos pacientes no sistema de saúde e a área onde a maioria das pessoas é acompanhada continuamente ao longo da vida, sendo imprescindível para a prevenção e manejo adequado de doenças crônicas e mentais (De Maeseneer *et al.*, 2012). Embora as intervenções baseadas em mindfulness possam ser desenvolvidas em qualquer serviço de saúde, inclusive em hospitais, a oferta de TBMs na AP é chave para sua implementação em grande escala nos sistemas de saúde. As características próprias da AP (acesso equitativo, serviços próximos à residência das pessoas, cuidados continuados ao longo da vida centrados em ações preventivas e nas necessidades de saúde das pessoas, e competência para lidar com diferenças étnicas e culturais) (García-Campayo, 2008; Demarzo, 2011) podem potenciar a acessibilidade e a adesão às TBMs.

Por outro lado, algumas barreiras dificultam a implementação de mindfulness nos serviços de AP e precisam ser identificadas. Um ponto fundamental é que os profissionais de AP têm uma agenda cheia de consultas e atividades, e é importante reservar tempo para que esses profissionais possam oferecer as TBMs dentro de um plano estratégico de implementação. Seguindo essa mesma linha, diversas ações podem ser realizadas, como a adaptação ou o desenvolvimento de intervenções baseadas em mindfulness que sejam mais breves em sua aplicação; já existem algumas experiências nesse sentido, com resultados interessantes (Glück e Maercker, 2011). Outra estratégia possível seria simplificar as intervenções, incluindo aspectos teóricos e exercícios simples de mindfulness nos grupos de promoção da saúde já existentes nos serviços de AP (por exemplo, grupos de atividade física ou de reeducação alimentar), embora a efetividade dessas ações ainda não tenha sido investigada. Finalmente, criar espaços adequados nos serviços de saúde para conduzir os grupos de mindfulness.

MINDFULNESS COMO UMA "INTERVENÇÃO COMPLEXA"

As "intervenções complexas" (*complex interventions*) são amplamente utilizadas nos sistemas de saúde além de outros setores (educação, transporte). São definidas por incluir múltiplos componentes que se interrelacionam, o que representa um desafio para pesquisadores e gestores dos serviços de saúde. Os desafios envolvidos na avaliação dessas intervenções incluem: dificuldades para padronizar a configuração e os modos de aplicação dos diferentes programas existentes; influência dos contextos étnico-culturais e políticos; dificuldades organizacionais, logísticas e políticas para avaliar uma intervenção nos serviços de saúde, e complexidade das cadeias causais entre os componentes das intervenções e seus resultados (Craig *et al.*, 2008; Datta e Petticrew, 2013).

As intervenções baseadas em mindfulness podem ser definidas como "intervenções complexas" uma vez que apresentam todas as dimensões (ver tabela 5.2) desse tipo de intervenção (Craig *et al.*, 2008; Datta e Petticrew, 2013). Em consequência, o desenvolvimento e a avaliação das TBMs nos sistemas de saúde também são complexos (ver tabela 5.3) e isso deve ser levado em conta pelos pesquisadores e gestores da saúde interessados na implementação de TBMs nos serviços de saúde (Craig *et al.*, 2008; Datta e Petticrew, 2013). As perguntas-chave a serem esclarecidas pelos pesquisadores, gestores e formuladores dos guias de "boas práticas" de mindfulness nos sistemas de saúde seriam: As TBMs demonstram efetividade e relação custo-efetividade nos sistemas de saúde? Ou seja, funcionam nas condições da rotina diária dos serviços de saúde? O equilíbrio entre custos e benefícios é adequado para os sistemas de saúde, cujos recursos são limitados? Outra pergunta-chave seria: Como funcionam as TBMs nos sistemas de saúde? Em outras palavras, quais seus ingredientes ativos e como podem produzir benefícios aos pacientes, profissionais e serviços? (Craig *et al.*, 2008; Datta e Petticrew, 2013).

Tabela 5.2. As dimensões das intervenções baseadas em mindfulness que as definem como "intervenções complexas" (Craig *et al.*, 2008; Datta e Petticrew, 2013)

— Grande número de componentes e de interações entre seus diferentes componentes: práticos (diversas técnicas e exercícios de mindfulness) e teóricos (diferentes conteúdos teóricos, dependendo do enfoque ou da população de interesse).

— Implicam mudanças complexas de conduta e comportamento (aceitação, flexibilidade psicológica, compaixão) por parte dos participantes e dos profissionais.

— Requerem o trabalho coordenado (plano estratégico) de pessoas de vários níveis dos serviços para sua implementação (tanto profissionais como gestores).

— Incluem um grande número de diferentes tipos de variáveis potenciais (orgânicas, psicológicas, uso de serviços etc.) para a avaliação de seus resultados.

— Permitem grande variabilidade dos modelos de intervenção (MBSR, MBCT, programas curtos etc.).

Outro ponto-chave é como fazer para que os formadores de opinião, profissionais, gestores, pacientes e a população em geral tenham acesso a informações sobre os resultados das pesquisas, avaliações e guias de diretrizes clínicas e de "boas práticas" das TBMs. (Craig *et al.*, 2008; Datta e Petticrew, 2013).

Tabela 5.3. Desafios no desenvolvimento, avaliação e implementação das intervenções baseadas em mindfulness como "intervenções complexas" nos sistemas de saúde
(Craig et al., 2008; Datta e Petticrew, 2013)

— Modelo teórico adequado, que permita compreender como a intervenção pode provocar mudanças na saúde das pessoas e/ou no uso dos serviços e identificar os pontos fracos na cadeia de causalidade para que sejam fortalecidos. No caso de mindfulness, implica uma rede complexa de conhecimento nas áreas médicas, psicológicas e sociais, bem como uma avaliação dos serviços e políticas de saúde.

— Ausência de resultados não significa necessariamente que as intervenções não sejam efetivas, mas sim que podem ter existido falhas ou barreiras no processo de implementação (ausência ou não cumprimento do plano estratégico, não adesão às práticas ou programas etc.). Portanto, as avaliações do processo são muito importantes na implementação das intervenções baseadas em mindfulness.

— A variabilidade nos resultados individuais pode ser devida às características dos sistemas de saúde. Assim, uma amostra de tamanho adequado e o uso de desenhos metolodógicos apropriados (amostra por *clusters*, por exemplo) são chaves para diminuir a influência de tais fatores. É melhor utilizar uma ampla gama de variáveis e indicadores de processos e resultados (fisiológicos, psicológicos, clínicos, uso de serviços etc.) do que centrar-se em poucos indicadores.

— Exigir fidelidade rigorosa aos protocolos de intervenção pode não ser adequado, já que as intervenções podem funcionar melhor se houver flexibilidade de adaptação às condições locais e aos sistemas de saúde.

Além das publicações científicas, é necessário traduzir essas informações em linguagem acessível aos diversos tipos de atores (*stakeholders*) envolvidos na implementação de mindfulness nos sistemas de saúde. Em relação às publicações científicas, deve-se também seguir uma orientação padrão que leve em conta as características próprias das intervenções complexas e suas avaliações (por exemplo, descrever em detalhes o conteúdo, o modo de aplicação e as barreiras identificadas nos estudos de implementação nos sistemas de saúde (Boutron, 2008; Collins, Murphy, Nair, e Strecher, 2005; Glasgow, Vogt, e Boles, 1999; Swales, Taylor, e Hibbs, 2012).

NOVAS TECNOLOGIAS E ACESSO A MINDFULNESS

Um tema-chave para oferecer mindfulness nos sistemas de saúde consiste em atingir um número razoável de pessoas, já que em cada grupo participam cerca de 15 indivíduos e existem milhares de pessoas que podem se beneficiar de mindfulness. O tema do acesso equitativo é fundamental para os sistemas nacionais de saúde, tanto em termos éticos como organizacionais (Levesque, Harris, e Russell, 2013) e os gestores e profissionais interessados em oferecer um programa de mindfulness devem levar isso em conta.

O uso das novas tecnologias da informação e comunicação (TIC) na oferta de terapia nos sistemas de saúde torna-se fundamental para dar acesso a um número maior de pessoas as intervenções psicológicas (Hesser *et al.*, 2012), diminuindo custos e barreiras de acesso, sem perder a efetividade (McCabe Ruff e Mackenzie, 2009).

Mindfulness não é diferente. Embora os grupos presenciais sejam a maneira mais frequente de se oferecer mindfulness atualmente (McCabe Ruff e Mackenzie, 2009), existem várias iniciativas para apresentar mindfulness via computador ou aplicativos móveis (Glück e Maercker, 2011; Ljótsson *et al.*, 2010; Ljótsson *et al.*, 2011; Zernicke *et al.*, 2013). Uma vantagem evidente do uso de TIC seria permitir que o número limitado de instrutores de mindfulness bem qualificados existentes no momento atingisse um número muito maior de pessoas (McCabe Ruff e Mackenzie, 2009). Os profissionais de saúde também podem se beneficiar da TIC, tanto para formação pessoal como para o treinamento profissional em mindfulness (McCabe Ruff e Mackenzie, 2009). Além disso, o uso de aplicativos móveis (*apps*) pode ajudar a aumentar a frequência e a eficácia da prática de mindfulness, tanto para pacientes como profissionais (Plaza *et al.*, 2013).

QUALIFICAÇÃO PROFISSIONAL PARA TRANSMITIR MINDFULNESS

Existem três aspectos que são chaves para garantir a qualidade da formação profissional para transmitir as TBMs e, consequentemente, assegurar a qualidade das próprias intervenções:

1) o conteúdo, método e processo de formação e treinamento;
2) os padrões de formação, e
3) a definição das competências necessárias para que se possa conduzir grupos de mindfulness e/ou formar outros instrutores (Crane *et al.*, 2012).

Hoje em dia ainda não há padrões aceitos de qualificação profissional para transmitir mindfulness (McCabe Ruff e Mackenzie, 2009), ou seja, não existe uma certificação formal em âmbito internacional que regulamente o tema da formação profissional em mindfulness. Alguns autores propõem atribuir essa responsabilidade aos centros pioneiros no desenvolvimento das TBMs, como o instituto fundado por Jon Kabat-Zinn nos Estados Unidos (Center for Mindfulness of the University of Massachusetts) (Cullen, 2011).

Por outro lado, já existem diretrizes de formação profissional para transmitir as TBMs e para formadores de novos instrutores de mindfulness, e as duas principais são as desenvolvidas pelo próprio Center for Mindfulness de Jon Kabat-Zinn*, e pela Rede Britânica de Professores de Mindfulness (UK Network for Mindfulness-Based Teachers) **.

As duas diferem em alguns pontos, porém ambas afirmam que a prática pessoal do instrutor é chave para transmitir mindfulness e ensinar novos instrutores, e que a formação deve durar o tempo mínimo necessário para que se possa desenvolver uma prática pessoal

---

* http://www.umassmed.edu/cfm/trainingteachers/index.aspx.
** www.mindfulnessteachersuk.org.uk.

estável e absorver os conceitos fundamentais relacionados às TBMs. A formação deve ser mais longa para aqueles que queiram formar outros instrutores. Não obstante, defendem que é fundamental que o instrutor tenha o domínio técnico específico para lidar com o tipo de população com a qual se propõe a trabalhar. A preocupação que subjaz é garantir a qualidade dos instrutores e, portanto, a qualidade dos grupos e de seus resultados. Esse aspecto, além de interessar aos formadores de instrutores de mindfulness e aos pesquisadores do tema, é essencial para que as TBMs tenham boa aceitação nos sistemas de saúde (Crane et al., 2012), principalmente pelos profissionais de saúde, que são os que provêm os cuidados, e as pessoas-chave para a introdução de mindfulness nos serviços.

Em relação ao tipo de profissional que costuma orientar os grupos de mindfulness, o estudo de Crane e Kuyken (2012) revelou, especificamente no caso de MBCT, que é mais comum que sejam psicólogos (em 83% dos serviços), além de terapeutas ocupacionais (58%), assistentes sociais (44%) e enfermeiros com especialização em psiquiatria (55% dos serviços). Outros profissionais que também costumam orientar grupos, porém com menor frequência, são terapeutas cognitivo-comportamentais, nutricionistas, terapeutas de família, psiquiatras e fisioterapeutas (Crane e Kuyken, 2012).

Em relação às competências profissionais, estas são importantes para ter um parâmetro de quando um indivíduo está apto para começar a transmitir as TBMs e para conhecer suas necessidades de formação continuada. Servem também como critério de avaliação para os centros formadores e credenciadores. Segundo Crane et al. (2012), além das qualificações profissionais recomendadas para lidar com um determinado tipo de paciente, os instrutores devem integrar as seguintes competências: conhecer e cumprir o conteúdo dos programas de mindfulness referentes à sua formação; possuir habilidades relacionais; saber conduzir as práticas de mindfulness; abordar adequadamente, durante os cursos, os temas teóricos fundamentais e os demandados pelos participantes e, acima de tudo, incorporar em primeira pessoa as qualidades de mindfulness em sua vida diária e durante os cursos. Em outras palavras, ser atento, ter uma atitude de abertura e não julgadora, ser compassivo e participar ativamente de todas as atividades e práticas com o grupo. Uma ideia útil é que essas competências desenvolvem-se ao longo da vida e, portanto, podem ser classificadas de forma escalonada, desde um nível ainda "não competente" para transmitir as TBMs até um "avançado" (Crane et al., 2012).

FORMAS DE REMUNERAÇÃO E FINANCIAMENTO, NECESSIDADE DE INSTRUTORES E CUSTOS ENVOLVIDOS

O tema do financiamento das TBMs também é chave para sua implementação nos sistemas nacionais de saúde e associa-se ao custo-efetividade dessas intervenções e ao apoio nos diferentes níveis político-institucionais de cada país. No caso do Reino Unido, conforme comentamos anteriormente, as TBMs apoiam-se nos guias clínicos governamentais (Crane e Kuyken, 2012). Outro exemplo, embora ainda incipiente, é o dos Estados Unidos, onde existem congressistas apoiando a implementação das TBMs (Cullen, 2011).

Nos sistemas universais de saúde, as TBMs deveriam fazer parte das intervenções formalmente recomendadas pelo sistema de modo a permitir seu financiamento, incluindo o pagamento dos grupos realizados e das horas de trabalho dos profissionais. Em países onde há uma relevante presença das seguradoras de saúde, para reduzir custos a longo prazo poderiam escolher pagar pela participação em TBMs ou propor formas de copagamento, descontos ou prêmios aos segurados que queiram inscrever-se em grupos de mindfulness (McCabe Ruff e Mackenzie, 2009). As empresas também podem financiar grupos e aulas de mindfulness para prevenir *burnout* e promover a saúde mental de seus funcionários, diminuindo custos trabalhistas a longo prazo relacionados com o absenteísmo (McCabe Ruff e Mackenzie, 2009).

O sistema nacional de saúde, para incentivar a implementação de mindfulness nos serviços, poderia oferecer prêmios aos profissionais que optem por fazer o treinamento e transmitir mindfulness, como também às universidades que invistam no oferecimento de formação a esses profissionais (McCabe Ruff e Mackenzie, 2009). Além de beneficiar os pacientes, essa iniciativa também será útil a profissionais e gestores, já que as TBMs têm efeitos bem conhecidos na prevenção de *burnout* e de suas consequências, como o absenteísmo e a alta rotatividade dos profissionais nos serviços (McCabe Ruff e Mackenzie, 2009).

Um tema relevante para os gestores na implementação de TBMs nos sistemas de saúde é a previsão do número necessário de profissionais que conduzirão os programas de mindfulness, conhecendo os custos envolvidos. Um estudo canadense de 2009 (Patten *et al.*, 2009), baseado em dados epidemiológicos dos programas do tipo MBCT, fez uma inferência para pacientes com depressão grave, com mais de três recaídas anteriores (estimados em cerca de 4,2% daquela população), e chegou à conclusão de que são necessários dois professores de MBCT para cada 200.000 pessoas na comunidade.

Embora não haja estudos sobre o assunto, se os programas fossem de tipo geral, como o MBSR (*Mindfulness-Based Stress Reduction*), alcançando populações mais diversas de pacientes (com ansiedade, depressão, dor crônica etc.) e pessoas ou profissionais com sintomas elevados de estresse, o número de instrutores necessários será maior. Com base na mesma lógica de cálculo do estudo canadense (Patten *et al.*, 2009), considerando uma prevalência hipotética e conservadora dessas condições na população geral da ordem de 30% e uma taxa de aceitação de mindfulness de cerca de 20%, a necessidade de instrutores de TBM será ao redor de 12 para 200.000 pessoas, ou o equivalente a um instrutor para 15.000 pessoas.

Outro autor (Cullen, 2011) estimou, de maneira especulativa, em 2,25 euros (3 dólares) por hora/paciente o custo de conduzir um grupo de TBM. Portanto, um grupo de 8 sessões de 2 horas, com 15 participantes, custaria aproximadamente 540 euros. Essa estimativa não inclui custos extras, como o aluguel da sala, materiais (almofadas, colchonetes, mantas, material impresso, CD com guia audiovisual), nem a formação do profissional, que pode custar até cerca de 3.500 euros por pessoa.

Um ponto não menos importante é a questão dos grupos de apoio para manutenção das práticas de mindfulness, para pessoas que já passaram por grupos de oito semanas ou similares. Esses grupos parecem ser fundamentais para a adesão às práticas aprendidas e manutenção dos benefícios a longo prazo (Cullen, 2011). Por outro lado, tratam-se de custos adicionais que devem ser previstos na implementação das TBMs nos sistemas de saúde.

CUSTO-EFETIVIDADE DAS INTERVENÇÕES BASEADAS EM MINDFULNESS

Um adequado custo-efetividade é imprescindível para que as TBMs sejam aceitas e implementadas nos sistemas de saúde. Os estudos de custo-efetividade relacionados às TBMs ainda são escassos, porém os resultados existentes são animadores. Roth e Stanley (2002) demonstraram, nos Estados Unidos, que um grupo de MBSR de oito semanas em um centro de Atenção Primária diminuiu o número de visitas ao centro de saúde por motivos de doença crônica entre os pacientes que recorreram ao grupo, sugerindo que as TBMs poderiam ser, além de efetivas, positivas em custo-efetividade.

Kuyken *et al.* (2008) estudaram a prevenção de recaídas em pacientes com depressão recorrente. Observaram que os pacientes que recorreram a um grupo de MBCT comparados aos que tomavam antidepressivos (tratamento usual) mostraram uma taxa menor de recaída (47 contra 60%), usaram menos medicação, apresentaram menos sintomas depressivos residuais e uma pontuação melhor em questionários de qualidade de vida, com custos anuais sem diferenças entre os dois grupos (Kuyken *et al.*, 2008).

Recentemente, Van Ravesteijn e colaboradores (Van Ravesteijn, Lucassen, Bor, Van Weel e Speckens, 2013; Van Ravesteijn, Grutters, *et al.*, 2013) estudaram uma amostra de pacientes de Atenção Primária para verificar o efeito da MBCT em somatizadores (pacientes com sintomas orgânicos persistentes não explicados). Os autores observaram que embora não houvesse diferença no estado geral de saúde quando os sujeitos foram comparados a pacientes que seguiam o tratamento padrão, mindfulness melhorou o funcionamento psicológico sem aumentar os custos. Além disso, os pacientes do grupo MBCT recorreram menos a serviços hospitalares e mais a serviços comunitários de saúde mental, o que a longo prazo diminui os custos envolvidos na atenção a esses pacientes (Van Ravesteijn, Grutters, *et al.*, 2013).

STEPPED-CARE E *LOW INTENSITY-HIGH VOLUME*: CONCEITOS-CHAVE PARA A IMPLEMENTAÇÃO DE MINDFULNESS EM GRANDE ESCALA

Segundo a Rede Britânica de Professores de Mindfulness (UK Network for Mindfulness-Based Teachers)* há vários tipos de TBM e as mais reconhecidas cientificamente por seus benefícios à saúde são a MBSR e a MBCT e suas derivações. De um modo geral, essas intervenções são desenvolvidas em reuniões grupais, uma vez por semana, durante oito semanas (cada sessão semanal tem a duração média de duas horas). As técnicas de mindfulness são ensinadas e praticadas, e discutem-se temas e conceitos relacionados.

Por outro lado, quando falamos da implementação das TBMs nos sistemas de saúde, pensamos em intervenções em grande escala (*high volume*).

---

* Disponível em: www.mindfulnessteachersuk.org.uk.

Um plano estratégico de implementação de mindfulness em grande escala poderá se beneficiar de conceitos como o *stepped-care* e de intervenções do tipo *low intensity-high volume* (Bower e Gilbody, 2005; Coyle e Doherty, 2010; Richards, 2012), flexibilizando os modelos e tipos de TBMs descritos e aumentando seu o acesso.

O modelo de intervenção *stepped-care* aplicado às terapias psicológicas, incluindo as TBMs, baseia-se na ideia de que há uma lacuna entre a demanda da população por essas terapias e a capacidade de oferta por parte dos serviços. Em outras palavras, há uma barreira de acesso às terapias, principalmente devido à falta de profissionais capacitados para transmiti-las (Bower e Gilbody, 2005; Coyle e Doherty, 2010; Richards, 2012). Uma estratégia útil seria o modelo *stepped-care*, que consiste em oferecer as mesmas intervenções – tentando manter os mesmos modelos teóricos e práticas oferecidos classicamente – em níveis crescentes (em etapas) de intensidade, de acordo com a necessidade dos pacientes, maximizando os recursos dos sistemas de saúde. Ou seja, uma pessoa com nível baixo de sintomas recebe uma intervenção de baixa intensidade, muitas vezes baseada em autocuidado (com ou sem supervisão de um profissional), reservando, assim, os modelos intensivos mais clássicos das terapias – baseados em profissionais altamente especializados – aos pacientes mais graves.

Ainda que até hoje não existam estudos específicos que o provem, o modelo *stepped-care* poderia ser aplicado e avaliado durante a implementação das TBMs nos sistemas de saúde, integrando diferentes tipos de TBMs com um enfoque progressivo contínuo de intensidade e complexidade. Para desenvolver essa ideia de maneira mais didática, vamos utilizar os conceitos envolvidos na oferta de "atividade física" (AF) e de diversos tipos de "exercício físico" (EF) como intervenções em saúde, em uma analogia com os distintos tipos e intensidades de TBMs (ver tabela 5.4). O modelo de promoção de AF/EF parece ser uma boa analogia com as TBMs, já que ambas as intervenções requerem vivência prática e mudanças de conduta de seus participantes.

Em geral, a promoção da AF (definida como qualquer movimento corporal que aumente o gasto energético) segue um modelo *low intensity-high volume*, ou seja, está voltada a intervenções de baixa intensidade baseadas em um "estilo de vida mais ativo", por exemplo, por meio de campanhas educacionais que promovam caminhadas suaves, subir escadas e andar de bicicleta como meio de transporte ativo. Essas atividades, às vezes conhecidas como estratégias populacionais, podem ser praticadas por um grande volume de pessoas e as pesquisas demonstram boa relação custo-efetividade (Roux *et al.*, 2008). A mesma ideia guia o modelo de *stepped-care*, segundo o qual o efeito clínico modesto de uma intervenção aplicada em grande escala pode trazer mais benefícios à saúde da população que uma intervenção de alto impacto, restrita a um número muito pequeno de pacientes (Bower e Gilbody, 2005).

O equivalente à promoção da AF nas intervenções baseadas em mindfulness poderia ser a promoção de um estilo de vida mais *mindful*, ou seja, intervenções breves de mindfulness para ensinar modos de vida baseados na atenção plena nas atividades rotineiras, em outras palavras, a promoção em grande escala do que se chama "práticas informais". Estas poderiam ser treinadas em cursos introdutórios de curta duração (de duas horas, em média), que ensinariam os conceitos básicos de mindfulness e algumas práticas simples, como o "exercício da uva-passa" e a "prática dos três minutos de mindfulness". Esses treinamentos de grupos poderiam ser oferecidos por múltiplos tipos de profissionais, incluindo agentes comunitários de saúde, que provavelmente necessitarão de uma formação profissional menos intensiva que as das TBMs mais clássicas como MBSR e MBCT. Outra possibilidade são os cursos introdutórios à distância, por computador ou aplicativos móveis. É provável que iniciativas desse tipo tenham um enorme impacto nos níveis de estresse percebido, na qualidade de vida e no bem-estar da população, prevenindo casos futuros de ansiedade ou depressão (Huppert e So, 2013). Entretanto, ainda não há estudos demonstrando sua efetividade ou custo-efetividade neste momento.

Por outro lado, a indicação de EF no contexto da saúde costuma ser mais complexa, principalmente quando utilizada no tratamento de pacientes. Os EF aplicados ao tratamento de doenças são um tipo de AF mais complexa, sistematizada, que requer uma prescrição específica para cada condição clínica e costuma necessitar de supervisão profissional no processo de aplicação dos protocolos de exercício (Josefsson, Lindwall, e Archer, 2013). O equivalente aos EF no contexto de mindfulness são as TBMs, como MBSR, MBCT e suas derivações, que requerem profissionais formados nos protocolos e possuem indicações específicas para determinados tipos de pacientes. Nesse sentido, as indicações do programa MBSR são mais gerais, sendo recomendadas também a populações sadias como promoção da saúde, o que significa que um grande número de profissionais deveria ser treinado para transmiti-las. Esses tipos de TBMs também podem se beneficiar das TIC – por exemplo, sua implementação pode ser realizada por computador ou por aplicativos móveis, embora costumem necessitar de supervisão presencial ou à distância com especialistas (Gluck e Maercker, 2011).

Com base na analogia apresentada aqui, pode-se construir um modelo teórico de implementação de mindfulness nos serviços de saúde em formato *stepped-care*, associado à estratégia *low intensity-high volume* (ver tabela 5.4). Na base do modelo, grupos introdutórios de mindfulness poderiam ser oferecidos em grande escala e, na parte mais alta, seguindo um modelo de intensidade e complexidade crescentes (em etapas), os modelos mais clássicos das TBMs, como MBSR e MBCT.

Tabela 5.4. Modelo teórico de *stepped-care* e *low intensity-high volume* aplicado às intervenções baseadas em mindfulness e a analogia comparada com os conceitos de "atividade física" e "exercício"

TBM	Analogia com atividade física/exercício	Forma de instrução	Pessoas/Pacientes potencialmente beneficiados	Objetivo	Formação dos instrutores	Perfis	Intensidade e/ou complexidade
TBM do tipo MBCT (contextos específicos)	Exercício físico (contexto específico)	"Clássico" (8 sessões) / adaptado com apoio de TIC	Pacientes em condições clínicas mais complexas	Tratamento complementar	"Clássico"	Profissionais especializados no contexto específico / cuidado colaborativo (*collaborative care*) entre profissionais especializados e de AP	⬅
TBM do tipo MBSR (gerais)	Exercício físico (geral)	"Clássico" (8 sessões) / adaptado com apoio de TIC	População geral / pacientes de AP	Promoção da saúde / tratamento complementar	"Clássico"	Profissionais de saúde generalistas	
Práticas informais / promoção de estilo de vida *mindful*	Atividade física / promoção de estilo de vida ativo	Oficinas presenciais introdutórias (2 horas em média) / práticas à distância autoguiadas e apoiadas por TIC	População geral	Promoção da saúde (melhora da qualidade de vida e bem-estar)	Reduzida (a definir)	Profissionais de saúde em geral (incluindo agentes comunitários de saúde)	

MBSR: *Mindfulness-Based Stress Reduction*.
MBCT: *Mindfulness-Based Cognitive Therapy*.
TIC: Tecnologias da informação e comunicação.

Este é um modelo teórico e especulativo, portanto deve seguir os mesmos princípios aplicados a todas as terapias: qualidade, segurança, aceitabilidade pelos pacientes, efetividade clínica, custo-efetividade e eficiência (entendida aqui como a obtenção de resultados clínicos pelo menos equivalentes aos de outros modelos de intervenção, mas com custos inferiores) (Bower e Gilbody, 2005; Coyle e Doherty, 2010; Richards, 2012).

CONCLUSÃO, *FRAMEWORK* E AGENDA PARA FUTURAS PESQUISAS

Muitas perguntas ainda permanecem sem resposta em relação à implementação de mindfulness nos sistemas de saúde. Um bom guia teórico (*framework*) para pesquisadores e gestores deve seguir um modelo progressivo de desenvolvimento e avaliação das TBMs, baseado na abordagem das "intervenções complexas" (ver tabela 5.4). Esse modelo é especialmente útil ao desenvolvimento de novos formatos de TBM ou quando aplicado a contextos diferentes dos originais. A apresentação do modelo é realizada de modo didático e nem sempre é necessário ou viável desenvolver todas as etapas, embora seja altamente recomendável.

Tabela 5.5. Modelo progressivo de desenvolvimento e avaliação das intervenções baseadas em mindfulness, com base no modelo das "intervenções complexas"
(Craig *et al.*, 2008; Datta e Petticrew, 2013)

Para desenvolver e avaliar novos formatos de intervenção baseada em mindfulness, ou sua aplicação em contextos diferentes dos originais, os seguintes passos devem ser adotados:

1. A aplicação ou avaliação em grande escala de uma intervenção baseada em mindfulness deve ser precedida de um desenho desenvolvido até se atingir o ponto "ótimo", ou seja, até que se tenha uma boa expectativa de que a intervenção será efetiva. Para isso, podemos nos

apoiar em uma revisão sistemática já existente, ou desenvolver uma, se necessário. A partir de então, já se deve pensar no processo de implementação da TBM considerando as seguintes questões: "Esta intervenção será viável nos serviços de saúde?", "Quem poderá se beneficiar?", "Quais serão as barreiras e facilitadores?"

2. Um segundo passo seria esclarecer o modelo teórico subjacente à TBM, ou seja, quais são as mudanças esperadas com a intervenção e os mecanismos que as produzem. Tais informações poderiam ser obtidas com base em dados já existentes ou a partir de novas pesquisas se necessário, por exemplo, por meio de estudos qualitativos com profissionais e pacientes-alvo da intervenção.

3. Um passo concomitante ao "2", antes mesmo da aplicação em grande escala, seria "modelar" a intervenção em condições reais, ou seja, modelar a TBM nos serviços-alvo do estudo, obtendo-se informações chaves sobre o desenho da intervenção, sua viabilidade e avaliação.

4. Uma vez definido o desenho "ótimo" e a viabilidade da intervenção, o próximo passo seria a realização do estudo piloto para comprovar a aceitabilidade da TBM entre pacientes, profissionais e gestores, estimar a taxa de recrutamento e retenção (adesão) dos participantes, a dimensão do efeito e calcular uma amostra adequada para os estudos em grande escala. Unir métodos qualitativos a quantitativos é fundamental à compreensão das barreiras e facilitadores do processo de implementação ("avaliação de processo"). Aqui também é possível desenvolver uma avaliação econômica inicial, que pode fornecer informações complementares sobre as dimensões do efeito da intervenção e sua viabilidade.

5. O próximo passo seria a avaliação experimental em grande escala da TBM, ou seja, testá-la experimentalmente em condições controladas, em múltiplos centros e serviços, utilizando métodos apropriados e por meio de estudos "pragmáticos".

6. O último passo seria o monitoramento a longo prazo dos efeitos da TBM em pacientes, profissionais e no sistema de saúde. Este passo, apesar da dificuldade de implementação e gestão, seria fundamental à implementação efetiva da TBM, pois produziria informações que dificilmente seriam obtidas em estudos experimentais controlados, como os efeitos não esperados ou adversos das intervenções, ou barreiras de contexto não identificadas nos estudos experimentais.

Utilizando esse guia (*framework*) poderiam ser abordadas as perguntas de pesquisa ainda não resolvidas sobre as TBMs, concretamente as relacionadas à sua implementação nos sistemas de saúde (Bower e Gilbody, 2005; Crane e Kuyken, 2012; McCabe, Ruff e Mackenzie, 2009) e que, de maneira geral, seriam:

— Mindfulness é uma terapia que pode ser utilizada de forma isolada em determinadas condições clínicas (como ansiedade e depressão) ou sempre de modo complementar aos tratamentos habituais?
— Mindfulness é eficiente em relação a outras terapias existentes, como as farmacológicas ou as terapias cognitivo-comportamentais clássicas?
— Mindfulness é aceitável por pacientes, profissionais e gestores de diversos países, etnias e sistemas de saúde?
— Mindfulness pode se beneficiar de um modelo *stepped-care* nos sistemas de saúde?

Ainda resta um longo caminho pela frente, mas o desafio é fascinante.

Capítulo 6

Mindfulness e educação. Aprendendo a viver com atenção plena

Ricardo Arguís

Vivemos em um mundo muito complexo, onde a globalização produz consequências importantes, tanto positivas como negativas. Cada vez é mais fácil ter acesso a uma infinidade de informações, graças ao potencial das tecnologias da informação e comunicação. Entretanto, *informação* por si só não é sinônimo nem garantia de *educação*: para poder aprender, é necessário saber acessar a informação, assimilá-la, integrá-la ao nosso conhecimento prévio e dispor de capacidades importantes, como o pensamento crítico e a criatividade. Segundo alguns especialistas, hoje em dia corremos o risco de sofrer uma "infoxicação", ou seja, uma intoxicação mental produzida pelo excesso de informação que não podemos digerir adequadamente e que gera a sensação de estresse e esgotamento.

Além disso, o desenvolvimento pessoal e social, e a promoção de bem-estar e felicidade são aspectos que tradicionalmente não têm sido contemplados em nossos sistemas educacionais. A educação não pode limitar-se a trabalhar os aspectos mais acadêmicos, vinculados aos conteúdos das disciplinas tradicionais; deveria também ajudar os alunos a potenciar seu desenvolvimento pessoal e social e, em suma, ajudar as pessoas a incrementar sua felicidade. O aspecto acadêmico e o desenvolvimento pessoal e social orientado à felicidade são igualmente importantes e são a referência das novas tendências representadas pela corrente emergente da "Educação Positiva" (Seligman et al., 2009; Morris, 2009).

QUAL O PAPEL DE MINDFULNESS NA EDUCAÇÃO?

A atenção plena já era muito apreciada na antiguidade, no tempo em que o ritmo de vida ainda não era tão alucinante e o estresse não era o mesmo que conhecemos hoje. Essa é mais uma razão, portanto, para destacarmos o benefício do ensino de mindfulness às crianças de hoje, desde a mais tenra idade, para que possam enfrentar a vida de modo mais pleno e consciente, e abordar todos os aspectos que comentamos anteriormente:

— Compensar o estresse diário para viver as experiências de um modo mais atento e consciente.
— Assimilar de forma mais serena e relaxada as informações que recebemos para aprender melhor e evitar o risco do excesso de informação, ou "infoxicação".
— Aportar elementos para o desenvolvimento pessoal, social e a promoção do bem-estar nas escolas, de modo a complementar os aprendizados acadêmicos tradicionais.

Por todas essas razões, parece justificado que a atenção plena seja introduzida nas escolas e se transforme em um conteúdo a ser trabalhado com os alunos em todos os níveis educacionais – ainda mais se considerarmos o aval científico que a prática de mindfulness tem hoje em dia. Como educadores, não procederíamos bem ao introduzir essas técnicas em nosso trabalho se não houvesse uma fundamentação empírica comprovada. Nas últimas décadas, a prática da atenção plena tem sido objeto de numerosas pesquisas que endossam seus múltiplos benefícios (Kabat-Zinn, 2003 e 2007; Brown e Ryan, 2003; Vallejo, 2006; Simón, 2007; Cebolla e Miró, 2008; Lavilla, Molina e López, 2008; Lyubomirsky, 2008; Jacobs et al., 2011; Davidson e Begley, 2012). Grande parte das pesquisas foi realizada com populações de adultos, mas nos últimos anos os estudos voltados a crianças e jovens estão ganhando força.

Em síntese, atualmente temos condições de afirmar que a prática da atenção plena possui uma fundamentação científica progressiva, que demonstra não apenas a capacidade de produzir mudanças positivas em nossa conduta, mas também em nosso cérebro. Tudo isso nos dá condições de introduzir a prática de mindfulness no âmbito educacional, com a garantia de que seus efeitos poderão ser positivos e gerar múltiplos benefícios.

A ATENÇÃO PLENA NA EDUCAÇÃO: POTENCIAR UM ESTILO DE VIDA

Em qualquer esfera da vida e muito especialmente no terreno educativo, a prática de mindfulness deveria ser contemplada como algo mais além de um mero conjunto de técnicas de meditação ou de relaxamento. Nosso conceito de atenção plena pode ser definido de modo breve como:

> Um estilo de vida baseado na consciência e a calma, que nos permite viver de forma íntegra no momento presente.
>
> Equipe SATI, 2012

Seu objetivo fundamental consiste em desmascarar automatismos, promover a mudança e a melhora em nossas vidas. É importante enfatizar a ideia de "estilo de vida", já que o que pretendemos é que a prática regular de mindfulness nos permita assentar as bases de uma atitude vital que impregne nossas vidas. Da mesma forma como o exercício físico regular fortalece nossos músculos, exercitar-se com técnicas de atenção plena pode desenvolver em nós uma força interior, que nos permita viver de um modo muito mais desperto, mais consciente, e que nos possibilite desfrutar mais do positivo, enfrentar com serenidade o negativo, aprender mais com nossas experiências e, em suma, ser mais felizes. Por isto, a atenção plena não pode ser limitada simplesmente à prática isolada de exercícios de meditação ou relaxamento: estes são a base para assegurar a prática, mas a atitude gerada por eles deve ser incorporada à nossa vida cotidiana.

Na prática cotidiana com mindfulness nas escolas pode-se encontrar, com frequência, educadores que manifestam certas reticências diante de determinadas raízes dessa prática. Como já se sabe, mindfulness tem antecedentes em filosofias orientais antigas, com destaque para as tradições budistas.

EXPERIÊNCIAS DE APLICAÇÃO DA ATENÇÃO PLENA NA EDUCAÇÃO

A aplicação de mindfulness na educação é herdeira do auge de pesquisas sobre essa prática realizadas pela psicologia moderna nos últimos 25 ou 30 anos. O estudo científico das contribuições de antigas tradições religiosas e filosóficas conferiu à prática de mindfulness um aval científico e um amplo reconhecimento. Em especial, a aplicação da atenção plena na área da educação beneficiou-se muito dos avanços na psicoterapia, o que conhecemos hoje como terapias baseadas em mindfulness –TBMs. Mesmo assim, a nova e florescente corrente da Psicologia Positiva, que surgiu nos Estados Unidos em 1998, impulsionou a pesquisa e a prática da atenção plena como um importante elemento para potenciar o bem-estar e a saúde mental (Lyubomirsky, 2008; Shapiro, Schwartz e Santerre, 2009; Snyder, Lopez e Pedrotti, 2011) (para mais informações, consultar o capítulo 9).

Agora que a psicologia científica validou e apoiou a prática da atenção plena – algo pouco conhecido e marginal aos educadores até uma década atrás – sua aplicação na área escolar vem sendo cada vez mais reconhecida (Albrecht, Albrecht e Cohen, 2012). Para os profissionais da educação, existem possibilidades importantes de aplicação das técnicas derivadas da atenção plena e as experiências nessa linha são cada vez mais numerosas. Na internet podemos encontrar diversas iniciativas, muitas delas promovidas pelos Estados Unidos, para criar redes de educadores e incentivar a aplicação da atenção plena nas escolas. Alguns exemplos dessas redes podem ser consultados nos seguintes links:

— http://www.mindfuleducation.org/
— http://www.mindfuled.org/

Neste capítulo, nosso objetivo não é uma revisão exaustiva das experiências atualmente realizadas em mindfulness aplicada à educação, mas apenas apresentar algumas características globais do que está acontecendo na área. Leitores interessados em obter mais informações a respeito poderão encontrá-las na recente revisão realizada por Meiklejohn *et al.* (2012). Esses autores revisaram dez programas desenhados e aplicados em sala de aula nas últimas duas décadas, a maioria originária dos Estados Unidos e alguns do Reino Unido e Israel. Tratam-se de programas dirigidos ao ensino infantil, fundamental e médio; alguns cobrem apenas certos níveis educacionais e um número pequeno deles abrange todo o espectro de 3 a 18 anos de idade. Vários desses programas (ver tabela 6.1) são bem conhecidos e se difundiram internacionalmente, como o *Inner Resilience Program, Learning to BREATHE, Stressed Teens* e *Mindful Schools*. Todos possuem seu diferencial em termos de desenho e atividades propostas, embora compartilhem de algumas características em comum. Assim, costumam incluir atividades dirigidas à tomada de consciência de experiências internas e externas, como a atenção focada na respiração e em experiências sensoriais, a consciência dos pensamentos e das emoções, exercícios de movimento e práticas relacionadas à bondade ou ao amor pelos outros. Além disso, muitos desses programas se inspiraram, no todo ou em parte, no MBSR desenvolvido por Kabat-Zinn.

A maioria dos programas citados foram comparados por meio de pesquisas experimentais. No artigo mencionado, Meiklejohn e outros autores resumem os achados de 14 pesquisas realizadas desde 2005 para validar a eficácia de tais programas. No todo, os resultados mais comuns apontam para um conjunto de benefícios cognitivos, sociais e psicológicos nos alunos, tanto de ensino fundamental (seis estudos) como médio (oito estudos). Os benefícios da prática de mindfulness em crianças e adolescentes revelados por essas pesquisas possuem muitas semelhanças com os achados de outras pesquisas realizadas em adultos. Os efeitos positivos incluem melhoras nos seguintes aspectos: na memória de trabalho, atenção, competências acadêmicas, habilidades sociais, regulação das emoções, autoestima, estado de ânimo e redução da ansiedade, do estresse e da fadiga.

Apesar desses achados animadores, deve-se destacar que a pesquisa sobre os efeitos de mindfulness na educação ainda é incipiente. Os resultados obtidos até agora são bem promissores, mas é necessário continuar avançando em busca de mais evidências baseadas em pesquisas cientificamente rigorosas.

Tabela 6.1. Síntese de diversos programas sobre mindfulness e educação, e as pesquisas que os endossam (Meiklejohn et al., 2012)

Programas	Pesquisas em destaque
Inner Kids Program	Flook et al. (2010)
Inner Resilience Program (IRP)	Metis Associates (2011)
Learning to BREATHE	Broderick e Metz (2009)
Mindfulness in Schools Project (MiSP)	Huppert e Johnson (2010)
Mindful Schools	Liehr e Diaz (2010)
MindUP	
Still Quiet Place	Saltzman e Goldin (2008)
Stressed Teens	Biegel et al. (2009)
Wellness Works in Schools™	Não disponíveis

MINDFULNESS E EDUCAÇÃO NA ESPANHA: INICIATIVAS E PESQUISAS RECENTES

Na seção anterior fizemos uma síntese dos diversos programas e pesquisas realizados fora da Espanha. Na sequência, esboçaremos um breve panorama de algumas iniciativas desenvolvidas nesse país. A aplicação de mindfulness na educação é um tema recente na Espanha, que nos últimos anos experimentou uma grande pujança, conforme pode ser visto na tabela 6.2.

Como se pode observar nessa tabela, as pesquisas realizadas na Espanha são muito recentes e abordaram os efeitos de mindfulness em diversas variáveis, tais como o autoconceito, desempenho acadêmico, mal-estar psicológico, estresse e ansiedade, habilidades sociais, *burnout*, resiliência etc. As populações mais comumente estudadas foram professores de ensino médio e bacharelado, bem como alunos desses mesmos níveis e estudantes universitários. O que chama a atenção é a falta de pesquisas dirigidas a alunos de ensino infantil e fundamental, uma área pendente de estudo na Espanha e que merece ser considerada em trabalhos futuros.

Em geral, os resultados de todas estas pesquisas são satisfatórios e mostram que a prática da atenção plena produz efeitos positivos nas variáveis estudadas. Entretanto, vale destacar que muitos dos estudos foram realizados com amostras pequenas da população, portanto deve-se ter muita cautela na generalização dos resultados. A conclusão mais evidente é a de que serão necessários muitos outros estudos, com amostras mais amplas de população e com delineamentos de pesquisa muito refinados para que no futuro tenhamos evidências mais sólidas neste terreno.

Tabela 6.2. Uma amostra de temas de estudo, populações analisadas e pesquisas recentes sobre mindfulness e educação na Espanha

Tema de estudo	População analisada	Pesquisas realizadas
Alexitimia e habilidades sociais	Estudantes universitários	De la Fuente, Franco e Salvador (2010).
Autoconceito e desempenho acadêmico	Alunos de ensino superior	Franco, Soriano e Justo (2010)
Burnout e resiliência	Professores de ensino médio	Franco (2010)
Criatividade verbal	Alunos de ensino superior	Franco (2009a)
Crescimento e autorrealização pessoal	Alunos de ensino superior	Franco, De la Fuente e Salvador (2011)
Estado emocional	Estudantes universitários	De la Fuente, Franco e Mañas (2010)
Estresse em professores e faltas por motivo de saúde	Professores de ensino médio	Mañas, Franco e Justo (2011)
Estresse, ansiedade e depressão em professores	Professores de educação especial	Franco, Mañas e Justo (2009)
Estresse e ansiedade nas relações entre mães e filhos	Mães de crianças com problemas mentais graves	Santamaría, Cebolla, Rodríguez e Miró (2006)
Mal-estar psicológico em professores	Professores de ensino médio	Franco, Mañas, Cangas, Moreno e Gallego (2010)
Percepção do estresse	Estudantes de magistério	Franco (2009b)
Desempenho acadêmico	Alunos de ensino médio	León (2008)
Desempenho acadêmico, autoconceito e ansiedade	Alunos de ensino médio	Franco, Mañas, Cangas e Gallego (2010)

Vale destacar que um grande grupo das pesquisas citadas na tabela 6.2 utilizou o programa "Meditación Fluir" (Franco, 2009c), cujas características básicas serão resumidas a seguir. A prática desse tipo de meditação consiste em repetir mentalmente um som enquanto a atenção é dirigida à respiração na região do abdômen. O essencial nesta prática é retornar sempre a atenção ao momento presente, tendo a respiração como âncora, com abertura mental e consciente do momento presente, sem emitir nenhum juízo de valor ou reação mental. A prática dessa técnica de meditação é complementada com a apresentação e discussão de diversas metáforas e exercícios utilizados na Terapia de Aceitação e Compromisso (Hayes, Strosahl e Wilson, 1999), juntamente com relatos da tradição zen e da meditação vipassana. O uso dessas metáforas, relatos e exercícios tem como finalidade aprender a se distanciar dos próprios pensamentos, sentimentos e emoções, para observá-los com imparcialidade, sem deixar-se absorver pelo seu conteúdo.

Nos últimos anos, surgiram na Espanha diversas iniciativas sobre o uso de mindfulness na educação. Algumas dessas experiências integraram-se no que certos colégios religiosos conhecem como "Educação da Interioridade". Entre essas iniciativas, cabe destacar o Projeto Hara, elaborado por uma equipe de educadores do País Basco, Navarra, La Rioja e Aragón. O programa inclui três aspectos: trabalho corporal, integração emocional e abertura à transcendência. Trabalha-se com alunos de 4 a 18 anos, em duas sessões por mês, divididas em várias disciplinas. As atividades realizadas com os alunos incluem práticas de mindfulness, entre outros componentes.

Uma iniciativa de destaque é o Programa TREVA (Técnicas de Relajación Vivencial Aplicadas al Aula) [Técnicas de Relaxamento Vivencial Aplicadas em Sala de Aula], desenvolvido pelo *Grupo de Investigación* TREVA, vinculado ao ICE da Universidade de Barcelona (López, 2007). Trata-se de uma proposta dirigida a reduzir a falta de atenção e concentração nos alunos e o excesso de agitação em sala de aula. Seus objetivos básicos são: melhorar o desempenho escolar, educar para a saúde e desenvolver a inteligência emocional. É composto por doze unidades, cada uma trabalhando com uma técnica de relaxamento diferente, incluindo entre elas algumas dinâmicas relacionadas com mindfulness. O programa foi amplamente disseminado na Catalunha, na Comunidade Valenciana e em outros lugares da Espanha. Obteve validação qualitativa e quantitativa em diversos estudos científicos e em uma tese de doutorado (López, 2009 e 2010).

Outra iniciativa delineada recentemente na Espanha e que está ganhando grande popularidade nos centros educacionais é o Programa Aulas Felices (Programa Salas de Aula Felizes) (Equipe SATI, 2012), fruto do trabalho de uma equipe de profissionais da educação, sob coordenação do autor do presente capítulo. Trata-se de um projeto para promover a aplicação da psicologia positiva no âmbito educativo ("Educação Positiva"). Dirige-se a alunos de ensino infantil, fundamental e médio (crianças e jovens entre 3 e 18 anos). É um programa bastante amplo no qual mindfulness é um de seus ingredientes essenciais. Os dois eixos do programa são: a atenção plena e a educação das forças pessoais (Peterson e Seligman, 2004). O programa possui dois objetivos básicos: potenciar o desempenho pessoal e social do corpo discente e promover a felicidade em alunos, professores e familiares. No momento, o programa só está disponível em espanhol, mas nos próximos meses serão publicadas as primeiras traduções para o inglês e francês. Sua distribuição é livre e gratuita e pode ser baixada de nossa página na internet http://educaposit.blogspot.com.br. É importante ressaltar que esse programa, dada sua recente criação, ainda está em fase de estudo. Atualmente há várias pesquisas em andamento para validar sua eficácia com alunos de ensino fundamental e médio cujos resultados esperamos conhecer em breve, o que nos permitirá avaliar seus efeitos sobre os alunos e avançar na melhora do próprio programa.

POSSIBILIDADES DE TRABALHO COM CRIANÇAS E JOVENS

As possibilidades de trabalhar a atenção plena em crianças e jovens são enormes. Contudo, é difícil encontrar no mercado livros ou manuais especialmente dirigidos à prática de mindfulness para essas idades. Foi exatamente essa reflexão que nos motivou a desenvolver, dentro do Programa Aulas Felices, um conjunto sistemático de sugestões e uma bateria de atividades concretas dirigidas a crianças e jovens entre 3 e 18 anos. Considerando que nosso programa tem distribuição livre e gratuita, e que pode ser facilmente baixado da internet, direcionamos os leitores à pagina web já citada, onde poderão encontrar uma grande quantidade de propostas e atividades. As técnicas de trabalho mais recomendadas a essas idades podem ser agrupadas da seguinte forma:

— Meditação baseada na respiração
— Meditação caminhando
— Exploração do corpo (*body scan*)
— Exercícios de yoga, tai chi e chi kung
— Adaptações simples da "meditação sobre a bondade amorosa" (conhecida como *compassion meditation* ou *loving-kindness meditation*)
— A atenção plena na vida diária

As cinco primeiras técnicas foram pensadas, primordialmente, para serem praticadas em um espaço e tempo especialmente reservados, à margem de outras tarefas do cotidiano. Com elas pretendemos criar as condições para nos fortalecer interiormente e poder enfrentar a vida diária de um modo mais consciente e satisfatório. Entretanto, é essencial que a atitude permanente da atenção plena seja algo mais que um exercício relegado a um momento pontual do dia, e que se incorpore efetivamente em nossa atividade diária. Há uma infinidade de situações nas quais podemos despertar em nós essa atitude consciente. A seguir, propomos algumas possibilidades de trabalho nessa linha, que podemos aplicar pontualmente com os alunos, assim como sugerir-lhes como prática em outros momentos fora da escola, de modo a despertar a atenção plena na vida cotidiana:

— Saborear um alimento.
— Contemplar com prazer uma imagem, ouvir música, ou ambos ao mesmo tempo.
— "Uma pedrinha no bolso" (levar no bolso uma pedrinha ou um pequeno objeto que nos lembre de prestar mais atenção ao que fazemos).
— Selecionar tarefas cotidianas e realizá-las com plena consciência.
— Aprender a despertar a consciência diante de situações especiais.
— Recitar versos cujo conteúdo ajude a despertar nossa consciência.
— Tentar viver um dia de atenção plena (ou uma manhã, ou uma hora determinada, por exemplo).
— Incorporar pausas de atenção plena à vida diária.

Com respeito aos momentos mais propícios para trabalhar a atenção plena em sala de aula, a maioria das técnicas mencionadas podem ser aplicadas em uma grande variedade de circunstâncias. De um modo geral não é necessário esperar determinados períodos do horário escolar, como a hora de Educação Física ou de Orientação, qualquer professor poderá aplicá-las nas diversas áreas do currículo. Algumas situações recomendáveis para a prática podem ser as seguintes:

- No início da jornada escolar ou no começo de uma aula.
- Ao entrar na sala de aula após uma atividade muito "movimentada" (a volta do intervalo, ou após a aula de Educação Física ou de Música).
- Na transição de uma atividade a outra que requeira mais concentração.
- Em momentos de agitação na sala de aula ou de distração do clima de trabalho concentrado.
- Como etapa prévia para abordar um conflito surgido na classe ou entre alguns alunos.
- Em épocas de provas ou momentos de trabalho intelectual intenso (tanto em aula como em casa).

Finalmente, embora esta seção tenha se referido sobretudo ao âmbito escolar, a maioria das sugestões propostas podem ser aplicadas, com as devidas adaptações, a outros contextos: na vida familiar, no ensino de estudantes universitários, em instituições dedicadas à educação não formal (brinquedotecas, centros de lazer, acampamentos), em atividades esportivas etc.

A FORMAÇÃO DO CORPO DOCENTE EM MINDFULNESS

Não há dúvida de que a formação do corpo docente é um elemento-chave para melhorar a qualidade educativa, e isto é igualmente aplicável no trabalho com mindfulness: professores bem formados são o pré-requisito para o ensino adequado da prática de atenção plena aos alunos. No momento há poucas pesquisas sobre a formação do corpo docente em mindfulness. Resultados preliminares de alguns estudos realizados sugerem que o treinamento em atenção plena dirigido aos docentes pode incrementar sua sensação de bem-estar e autoeficácia profissional, bem como sua habilidade de lidar com a conduta do grupo em aula e estabelecer e manter uma relação de apoio com os alunos (Meiklejohn et al., 2012). Outras pesquisas indicam que a prática de mindfulness ajuda os professores a reduzir seus níveis de estresse, proporciona estratégias para controlar a conduta na sala de aula e melhora sua autoestima; além disso, alguns professores manifestaram que a atenção plena os ajuda a ter uma visão holística do currículo e dos conceitos-chave que devem ser ensinados às crianças, e a superar a sensação de esgotamento causada pela grande quantidade de conteúdo que é esperado que transmitam (Albrecht, Albrecht e Cohen, 2012).

A formação dos docentes nesta área deve combinar a fundamentação teórica com a prática. É essencial que os professores pratiquem previamente e experimentem em si mesmos, antes de iniciarem qualquer atividade de mindfulness com os alunos. Essa formação deveria ser complementada com o apoio de materiais práticos, que mostrem estratégias e atividades concretas a serem realizadas em sala de aula. Alguns materiais recomendáveis podem ser encontrados ao final deste capítulo, sob o título "Recursos úteis para pais e educadores".

Desde 2009, nossa Equipe SATI tem realizado formação de docentes por meio da rede pública de Centros de Profesores y de Recursos de Aragón, utilizando um modelo que consideramos muito útil e vinculado à prática em sala de aula. Nosso modelo de formação está centrado no uso conjunto de mindfulness e forças pessoais, e segue cinco fases consecutivas:

1) sessões presenciais de formação, combinando fundamentação teórica com exercícios práticos, nos quais os professores experimentam em si próprios as atividades para desenvolver a atenção plena e as forças pessoais;
2) trabalho prático em sala de aula, no qual os professores aplicam em seus alunos as técnicas aprendidas na fase anterior;

3) uma sessão de partilha, na qual os professores reúnem-se conosco e expõem seus avanços, bem como suas dúvidas e dificuldades sobre o que têm aplicado em sala de aula;
4) algumas sessões nas quais todos os professores apresentam aos demais participantes suas experiências de trabalho (fase que se mostra extremamente enriquecedora para todos); e
5) opcionalmente, nós, membros da Equipe SATI, nos oferecemos para fazer um trabalho de acompanhamento e apoio aos professores que assim desejarem, em seus próprios centros educacionais.

CONCLUSÕES

Há pouco tempo, a mãe de uma aluna de um colégio onde se trabalha com mindfulness nos relatou o seguinte caso. Certa manhã de sábado, essa mãe estava em casa com a filha de cinco anos. Estava arrumando a casa e parecia estressada. A filha percebeu e, de repente, exclamou: "Mamãe, você está nervosa. Por que não se senta aqui comigo e praticamos a 'respiração diafragmática'?" A mãe ficou estupefata enquanto sua pequena filha a fazia sentar-se ao seu lado, lhe explicava como se respira em profundidade movendo o abdômen e como esse exercício poderia ser útil, entre muitas outras coisas, para tranquilizar-se e enfrentar uma situação de estresse.

Este é um exemplo paradigmático do que pretendemos conseguir praticando mindfulness com crianças e jovens (e também conosco, adultos): *gerar um estilo de vida que nos permita viver mais conscientemente, para alcançar maior equilíbrio em nossa vida, uma atitude serena, que nos traga maior bem-estar e felicidade.* Nesse caso, algumas poucas semanas de prática na escola bastaram para que uma menina de cinco anos pudesse transferir seu aprendizado de mindfulness à vida cotidiana, ajudando inclusive a própria mãe a enfrentar uma situação de estresse. Nossa experiência prática com alunos, bem como as pesquisas atuais na área, mostram que isso é possível e que os resultados compensam o esforço.

Em síntese, o que pretendemos cultivando mindfulness na educação é ajudar a criar o hábito de sermos cada vez mais conscientes em nossa existência diária. *Se conseguirmos que as crianças, desde bem cedo, aprendam a viver de um modo mais consciente, educaremos pessoas livres e responsáveis, mais capazes de serem donas de sua própria vida e de serem felizes.* A atenção consciente na vida cotidiana se traduz precisamente nisto: desfrutar mais do positivo e poder transformar o negativo, conduzindo-nos a níveis mais elevados de bem-estar.

Conforme enfatizamos neste capítulo é essencial tentar colocar em prática a atenção plena não como uma mera técnica de relaxamento, mas como uma atitude vital, um modo de vida que nos ajuda de modo notável a melhorar a qualidade de nossa existência, tanto pessoal como socialmente. A prática de mindfulness pode trazer uma série de benefícios em educação para todo tipo de crianças e jovens, mas também para aqueles com algum tipo de dificuldade – por exemplo, em casos de Transtorno de Déficit de Atenção, com ou sem Hiperatividade –, assim como para os docentes e as famílias dos alunos. No complexo e mutável mundo atual, nossas possibilidades de desenvolvimento se multiplicaram. Por outro lado, sofremos consequências não desejadas: um ritmo de vida vertiginoso e estressante, um excesso de estímulos e informações, a sensação de viver muito superficialmente, sem tempo para nos refugiar em nosso próprio interior... A atenção plena pode ser a ferramenta que nos traga a consciência e a calma, das quais com frequência nos vemos privados. Tomara que todos possamos nos beneficiar dela, para alcançar maior bem-estar e plenitude em nossa vida.

RECURSOS ÚTEIS PARA PAIS E EDUCADORES

A seguir, algumas obras básicas para iniciar-se na prática da atenção plena no âmbito educativo:

De Pagès, E. y Reñé, A. (2008): *Cómo ser docente y no morir en el intento. Técnicas de concentración y relajación en el aula* [Como ser docente e não morrer na tentativa. Técnicas de concentração e relaxamento em sala de aula], Barcelona, Graó.

Equipo Sati (2012): *Programa aulas felices. Psicología positiva aplicada a la educación* [Programa aulas felizes. Psicologia positiva aplicada à educação], download gratuito do programa completo em http://educaposit.blogspot.com.br.

Kaiser Greenland, S. (2010): *The mindful child* [A criança *mindful*], Nova York, Free Press.

Nhat Hanh, T. (2003): *Un guijarro en el bolsillo* [Uma pedrinha no bolso], Barcelona, Oniro.

Capítulo 7

O QUE MUDA NOS PROFISSIONAIS QUE PRATICAM MINDFULNESS?

Javier García-Campayo
e Miguel Ángel Santed

*O que um homem pensa de si mesmo,
eis o que determina, ou melhor, indica seu destino.*

Walden,
Henry David Thoreau

Um dos muitos campos em que a prática de mindfulness tem sido utilizada é na formação de profissionais de saúde social. Estudos demonstram que aqueles que praticam mindfulness modificam variáveis psicológicas associadas a melhores habilidades de comunicação (empatia, modulação emocional, escuta, compaixão etc.). Além disso seus pacientes ficam mais satisfeitos e melhoram mais, independentemente do tratamento recebido. O que se pretende neste capítulo é revisar a evidência científica existente nesse tema no momento atual, os mecanismos psicológicos que produzem esta mudança nos profissionais e as novas linhas de pesquisa que ainda precisam ser desenvolvidas nesta área.

POR QUE É ÚTIL A PRÁTICA DE MINDFULNESS PARA OS PROFISSIONAIS DE SAÚDE SOCIAL?

Uma das críticas mais destrutivas recebidas pelos profissionais de saúde social nas últimas décadas é que esqueceram sua faceta humanista, perdendo a capacidade de empatia com as pessoas que sofrem para se converterem em meros técnicos ávidos por reconhecimento social e econômico (García-Campayo *et al.*, 1995; 1998).

Neste sentido, uma das razões mais importantes que explicam a perda das qualidades humanistas nos profissionais que prestam assistência é a denominada "síndrome de *burnout*", cuja prevenção é necessária para manter a qualidade da assistência em saúde. A "síndrome de esgotamento laboral ou *burnout*" é uma resposta ao estresse laboral crônico que atinge profissionais das organizações que trabalham em contato com os usuários da instituição. Ocorre principalmente em profissões vocacionais e de serviço (como medicina, enfermagem, psicologia, trabalho social etc.), nas quais há um forte envolvimento entre aquele que presta o serviço e o que recebe. Desde as primeiras descrições do *burnout*, se insiste na importância do conceito de "fadiga compassiva": o esgotamento emocional sofrido pelos profissionais ao ajudarem, diariamente, pessoas que padecem de um sofrimento intenso (Rossi *et al.*, 2012).

A prevalência de *burnout* na medicina e em outras profissões da saúde varia entre 20 e 35%, segundo os estudos (Gil-Monte, 2005). Muitos dos sintomas do *burnout* (baixa tolerância à frustração ou aumento de interações hostis com pacientes) são incompatíveis com o grau mínimo de qualidade profissional. Porém, em casos extremos, o indivíduo pode chegar a querer produzir um dano intencional aos pacientes por seu desafeto voltado à instituição e ao seu trabalho.

O período em que o profissional estaria especialmente vulnerável são os primeiros anos de atividade, quando ocorre a transição das expectativas idealistas da profissão para a prática cotidiana. É nesse momento que se aprende, em muitas ocasiões, que as recompensas pessoais e profissionais que profissões de ajuda outorgam não são as esperadas. O paradoxo da síndrome de *burnout* é que costuma ocorrer em trabalhadores que antes demonstravam grandes doses de entusiasmo e caracterizavam-se por sua grande dedicação e envolvimento pessoal, levando-os a investir muita energia em seu trabalho. Já foi demonstrado que uma formação adequada em habilidades de comunicação em geral, e em técnicas de mindfulness em particular, consistem em um dos fatores de prevenção mais eficazes para evitar o *burnout* e desenvolver a empatia (García-Campayo, 2008).

ESTUDOS SOBRE A EFICÁCIA DE MINDFULNESS EM PROFISSIONAIS DE SAÚDE

Um dos estudos mais demonstrativos da eficácia de mindfulness sobre o *burnout* foi um estudo não controlado realizado em uma amostra de 70 médicos de família da Universidade de Rochester. Nesse administrou-se um programa baseado em MBSR (com uma importante ênfase em mindfulness interpessoal, narrativas e contos) de 10 sessões com frequência mensal de 2,5 horas de duração. Além de mindfulness, o curso incluiu exercícios de autocuidado e narrativas sobre experiências clínicas significativas. O estudo demonstrou que um treinamento em mindfulness de 12 meses de duração é eficaz para diminuir o *burnout*, melhorando a empatia, o estado de ânimo e a estabilidade emocional desses profissionais (Krasner *et al.*, 2009). O aumento nos níveis de mindfulness esteve associado a melhores resultados em todas essas variáveis. Durante o ano em que o estudo foi realizado houve cerca de 20% de evasão, ou seja, de participantes que abandonaram o programa.

Uma réplica do estudo foi realizada na Espanha. Consistiu em um ensaio não controlado, que avaliou a mesma intervenção em médicos de atenção primária (N=87)*. Também aqui, no pós-tratamento,

---

* Número amostral

diminuíram os níveis de *burnout* e mal-estar emocional, melhorando a empatia. A intensidade de todas essas mudanças foi moderada. Também melhoraram, de forma intensa, os níveis de mindfulness medidos com o uso de questionários. Houve cerca de 8% de evasão (Martín Asuero *et al.*, 2013).

Outros estudos prévios, com intervenções padrão (de oito semanas de duração e baseados no programa MBSR) (Kabat-Zinn, 1990), também demonstraram que mindfulness melhorou o estado de ânimo e o esgotamento emocional (um dos três componentes do *burnout*, segundo o modelo de Maslach) em pessoal hospitalar, tanto de áreas administrativas como de contato direto com o paciente (Galantino *et al.*, 2005) e diminuiu o estresse percebido em profissionais de saúde (Shapiro *et al.*, 2005).

Entretanto, quando os modelos padrão de MBSR são aplicados a profissionais de saúde, as taxas de evasão são significativas. Os participantes alegam falta de tempo (Shapiro *et al.*, 2005). Consequentemente, houve uma tentativa de desenvolver novos modelos mais curtos de treinamento em mindfulness, sem abrir mão de níveis de eficácia aceitáveis. Dois dos modelos mais importantes são:

— O estudo de Fortney *et al.* (2013), que avaliou uma intervenção breve de mindfulness (ver tabela 7.1). Para isso, fizeram um estudo piloto, não controlado, com 30 médicos de família. A evasão foi mínima (3%). Essa intervenção melhorou as três facetas do *burnout* (esgotamento emocional, despersonalização, e realização pessoal), bem como ansiedade, depressão e estresse percebido. Não se obteve nenhuma melhoria nem em compaixão nem em resiliência. Os efeitos mantiveram-se por nove meses, apesar da não realização de sessões de manutenção.
— Outro modelo abreviado de intervenção é o denominado MBSR em baixas doses (MBSR-ld). Consiste em sessões de 60 minutos, uma vez por semana, durante 6 semanas, realizadas no local

de trabalho no período da tarde, e inclui as práticas habituais de MBSR. Pede-se aos indivíduos que meditem 20 minutos por dia. Essa intervenção foi avaliada em um ensaio controlado em uma amostra (N=22) face a uma lista de espera (N=20) de funcionários de uma universidade americana. A intervenção melhorou os níveis de mindfulness, diminuiu o estresse percebido e melhorou a qualidade do sono. Entretanto, não produziu mudanças nos níveis de cortisol salivar. A evasão foi de 10% (Klatt et al., 2009).

Tabela 7.1. Diferentes modelos de formação para profissionais

	Formação padrão (MBSR) (Kabat-Zinn, 1990)	Formação breve (Univ. Massachusetts) (Fortney et al., 2013)	Formação ultrabreve (Univ. Zaragoza – São Paulo)
Duração	29-33 horas	18 horas	6 horas
Formato	Introdução: 2,5 h 8 sessões semanais: 2,5 h Dia de retiro: 6,5 h	Sexta-feira à tarde: 3 h Sábado: 7 h Domingo: 4 h Seguimento: Duas sessões de 2 h (vespertinas)	Sessão presencial: 2 h Duas sessões online de 2 h cada uma
Prática diária recomendada	> 45 min/dia	10-20 min/dia	10-20 min/dia
Material	*Vivir con plenitud las crisis* (Viver as crises com plenitude), de Kabat-Zinn *Meditación de mindfulness guiada* (Meditação de Mindfulness Guiada) de Kabat-Zinn	CD – 14 práticas essenciais de S. Salzberg	Módulo aceitação "Sonreír es divertido CD" (Sorrir é divertido) – práticas essenciais de mindfulness e tomada de consciência de valores
Custo	$475	Gratuito	Gratuito

Os dados da maioria dos estudos existentes sobre a eficácia de mindfulness em profissionais devem ser avaliados com precaução, por diferentes problemas metodológicos:

1. Em muitos dos estudos não houve grupo controle e o efeito pode ser devido à normalização das variáveis psicológicas resultante do tempo (fenômeno descrito como regressão à média).
2. Em outros casos, se usa como controle indivíduos em lista de espera, um tipo de comparador que não se considera suficientemente adequado do ponto de vista metodológico (MacCoon et al., 2012).
3. Outra crítica quanto à eficácia da intervenção em mindfulness em profissionais baseia-se no fato de que o efeito terapêutico pode ser devido não à formação em mindfulness em si, mas ao efeito terapêutico do grupo (MacCoon et al., 2012), já que a maior parte desses modelos de formação ocorre em grupo.
4. Além disso, a maioria desses estudos foi desenvolvida nos Estados Unidos e, ao contrário do que ocorre na Europa, a participação dos alunos é remunerada. Por exemplo, no estudo de Krasner et al. (2009) cada indivíduo recebeu $250 para responder alguns questionários em cinco ocasiões.
5. Por último, um dos maiores problemas é o fato de tais programas serem utilizados somente por uma pequena porcentagem dos profissionais aos quais é oferecido. Por exemplo, no mesmo estudo de Krasner et al. (2009), o programa foi oferecido a 642 profissionais, mas apenas 70 se inscreveram. De fato, as características sociodemográficas dos participantes eram diferentes da amostra geral, sendo mais frequente a participação de mulheres, médicos de família e profissionais de áreas urbanas.

Juntamente com as críticas, alguns autores enfatizam que estudos controlados randomizados não deveriam ser o único modelo de delineamento de pesquisa aceitável, já que desenhos pré-pós são considerados suficientemente adequados em estudos sobre temas educacionais ou sobre a tomada de decisões clínicas (Campbell *et al.*, 2000; Musick, 2006).

Apesar desses problemas metodológicos, que também são frequentes na avaliação de outras psicoterapias, aceita-se que mindfulness é eficaz para o desenvolvimento de habilidades de comunicação, prevenção de *burnout* e diminuição do mal-estar psicológico em profissionais de saúde. A eficácia exata de mindfulness é desconhecida nesse grupo de população, mas se considera que deve ser similar à obtida quanto se utiliza em pacientes com doenças médicas e psiquiátricas; as meta-análises calculam uma magnitude do efeito de 0,5 – o que implica uma eficácia moderada (Grossman *et al.*, 2004).

O IMPACTO DA PRÁTICA DE MINDFULNESS NOS PROFISSIONAIS E EM SEUS CLIENTES

A. EFEITOS SOBRE OS PROFISSIONAIS

Segundo Epstein (1999), os objetivos da prática *mindful* seriam:
1. Ser mais consciente dos próprios processos mentais.
2. Escutar mais atentamente.
3. Ser flexível e poder reconhecer vieses e erros na prática clínica.
4. Agir com valores éticos e mostrar compaixão e empatia pelos pacientes.

Existem múltiplos estudos com profissionais de saúde que confirmam que as técnicas de mindfulness servem para melhorar o enfrentamento do estresse e desenvolver a empatia (Epstein, 1999). Especificamente, demonstrou-se que a prática de "estar atento" diminui a tendência de sobrecarregar-se com as emoções negativas de outros. No entanto, além de melhorar a prática e a qualidade de vida do profissional de saúde, mindfulness consegue melhorar o prognóstico dos doentes em aspectos avaliados tanto pelo profissional (impressão clínica global ou qualidade de cuidados) (Beach et al., 2013) como pelo próprio paciente (ansiedade, depressão, fobias e obsessão) (García-Campayo, 2008). Alguns dos efeitos produzidos por mindfulness na prática clínica são os seguintes:

No âmbito da comunicação

— *Melhor manejo das emoções.* Seguramente é o aspecto mais importante. A capacidade de estar atento, de forma simultânea, a eventos externos (dados clínicos) e aos seus próprios pensamentos e emoções permite que o profissional identifique os rótulos negativos que utiliza com os pacientes (exemplo: somatizador, histérica, toxicômano), bem como as emoções (hostilidade, rejeição) e condutas negativas associadas (Epstein, 1999). Também permitiria identificar outros tipos de emoções inadequadas em relação aos pacientes (exemplo: atração sexual), possibilitando evitar condutas que possam ser problemáticas. A identificação das emoções que os pacientes produzem nos profissionais (fenômeno denominado contra-transferência) é especialmente útil no diagnóstico e tratamento dos pacientes psiquiátricos: o profissional tende a se sentir triste com pacientes deprimidos, eufórico com indivíduos maníacos, ou confuso com doentes agitados (García-Campayo, 2008). Por último, permite que o profissional tome consciência de como enfrenta emocionalmente as situações difíceis: habitualmente, tende a culpabilizar outros por seus próprios erros (o paciente, os colegas ou o sistema). Em outras ocasiões, minimiza-se o erro e tenta-se evitar tudo o que se relacione ao caso. Mindfulness permite fazer-se consciente dessas reações e escolher a conduta mais benéfica aos pacientes. Por último, mindfulness é considerada uma das técnicas mais eficazes para combater a fadiga compassiva, um dos componentes mais relevantes do *burnout*.

— *Identificação dos pensamentos* (Epstein, 1999; García-Campayo, 2008). Tomar consciência dos pensamentos permite identificar os vieses cognitivos que se produzem no processo diagnóstico e de tomada de decisões clínicas (exemplo: não levar em conta dados discordantes, pensamentos comodistas para não continuar explorando), melhorando nosso rendimento profissional. Uma consequência dessa habilidade é sempre considerar os dados clínicos como provisórios e contextuais, nunca de modo definitivo e fechado. Além disso, ser consciente dos pensamentos também facilita poder identificar pensamentos distorcidos de elevada competência profissional, que são frequentes entre profissionais de saúde que não são observados e avaliados por estudantes ou residentes. Tais pensamentos potencializam o narcisismo e impedem o profissional de aprender de outros.

Fora do âmbito da comunicação

— *Melhor percepção de nossas sensações físicas internas e de nossas necessidades.* A curto prazo, tomar consciência da fadiga e da diminuição do rendimento cognitivo associado (exemplo: em urgências) permite ao profissional poder pedir ajuda ou solicitar a segunda opinião de um colega, frente a um caso que não esteja conseguindo solucionar no momento. A médio e longo prazo, conscientizar-se do próprio esgotamento físico ou psicológico (*burnout*) permitirá ao profissional tomar medidas para cuidar-se e prevenir transtornos dificilmente reversíveis. Cuidar-se no trabalho produzirá maior bem-estar e satisfação profissional e já foi demonstrado que isso está associado à maior empatia, menor incidência de erros clínicos, menor risco de *burnout* e pacientes mais satisfeitos (Epstein 1999; García-Campayo 1998, Krasner *et al.*, 2009).

— *Mudanças na personalidade e aumento da resiliência*. Já foi demonstrado que a prática habitual da meditação produz mudanças na personalidade, que incluem maior estabilidade emocional e menor preocupação com situações que nos rodeiam e que não podem ser modificadas (Krasner *et al.*, 2009), bem como menor ansiedade (Barbosa *et al.*, 2013). Tudo isso aumenta a resiliência do profissional (Epstein e Krasner, 2013).

B. EFEITO SOBRE OS PACIENTES

O aumento de mindfulness nos profissionais se associa a uma melhor intervenção com os pacientes, independendo se esta qualidade foi adquirida mediante cursos específicos ou se faz parte dos traços de personalidade do indivíduo.

Um estudo de Beach *et al.* (2013) mediu os níveis de mindfulness em 45 profissionais que tratavam pacientes com HIV e que nunca haviam recebido formação sobre o tema. Nos profissionais que atingiram alta pontuação em mindfulness (tercil superior), a prática clínica estava mais centrada no paciente e o tom emocional era mais positivo com ele. Além disso, os pacientes estavam mais satisfeitos com esses profissionais e os consideravam melhores comunicadores (Grepmair *et al.*, 2007).

CARACTERÍSTICAS DA FORMAÇÃO EM MINDFULNESS A PARTIR DA UNIVERSIDADE: UMA PERSPECTIVA INTERNACIONAL

O primeiro programa de formação em mindfulness para estudantes de medicina (e para profissionais de saúde em geral) foi ministrado na Universidade de Massachusetts em 1985. Desde então, muitas outras universidades dos Estados Unidos (exemplo: Rochester, Iowa, Jefferson em Washington), Canadá (exemplo: Toronto, McGill em Montreal) ou Austrália (exemplo: Monash em Melbourne) têm oferecido programas específicos de formação em mindfulness.

Algumas das características desses programas (Dobkin e Hutchinson, 2013) são:

— *Formato:* Inicialmente, esses cursos seguiam o formato clássico da formação MBSR (redução de estresse baseada em mindfulness) de Kabat-Zinn (1990). Em outras palavras, um curso de oito sessões de duas horas e meia de duração, com frequência semanal, e um retiro de silêncio de um dia. Posteriormente, desenvolveram-se formatos de dez semanas, um mês, um curso inteiro ou intercalado durante os anos de licenciatura de medicina, ou inclusive formatos tão breves como a audição de um CD. Os estudos confirmam que a maioria desses modelos é eficaz.
— *Conteúdo*: Tradicionalmente, também seguiram os conteúdos do modelo MBSR de Kabat-Zinn, incluindo práticas formais e informais de mindfulness, práticas em movimento, retiro de silêncio de um dia, exercícios para fazer em casa, discussões em grupo etc. Tudo isso em um contexto secular. Nos últimos anos foram incluídas outras matérias, como autocompaixão, autocuidado ou comunicação *mindful*. Novamente, quase todos os cursos mostraram-se eficazes, independentemente do conteúdo.
— *Obrigatoriedade*: A maior parte da formação universitária em mindfulness oferecida em âmbito internacional é optativa. Duas exceções notáveis são o programa da Universidade de Rochester, em Nova York, Estados Unidos (incluído no terceiro ano de Medicina) ou da Universidade de Monash, em Melbourne, Austrália. Dado que mindfulness, mais do que uma técnica para o funcionamento profissional, é uma qualidade útil para o ser humano independentemente de sua profissão, a percepção de necessidade por parte do estudante e sua motivação são chaves para o êxito do curso.

Na Espanha não existe uma formação universitária regulamentada em mindfulness para estudantes de graduação ou no sistema de saúde para residentes e profissionais. Desde 2013, a Universidade de Zaragoza, na Espanha, oferece um mestrado próprio para mindfulness, que pode ser tanto presencial como à distância (http://academico.unizar.es/formacion-permanente/oferta-de-estudios-propios). A mesma Universidade de Zaragoza (http://webmindfulness.com) também oferece uma formação em mindfulness optativa, com uma parte presencial (uma sessão) e outra online (duas sessões) para alunos de graduação, além de outros cursos de mindfulness em diferentes formatos. A eficácia dessa experiência-piloto de formação universitária online, aceita com grande satisfação pelos estudantes, está sendo avaliada no momento.

Países de língua portuguesa também possuem experiências de sucesso. Em 2009, a Universidade Federal de São Carlos (UFSCar, Brasil) ofereceu uma formação optativa aos estudantes da área de saúde, com mais de 100 alunos cursando a disciplina. Uma avaliação da iniciativa, que seguiu o modelo MBSR, demonstrou que os alunos haviam melhorado a qualidade de vida e os níveis de estresse percebidos (Demarzo *et al.*, 2013). Em 2011, a Universidade Federal de São Paulo (UNIFESP, Brasil) criou formalmente o "Mente Aberta" (Centro Brasileiro de Mindfulness e Promoção da Saúde –www.mindfulnessbrasil.com) cuja missão é promover e pesquisar as intervenções baseadas em mindfulness no Brasil. Além da formação de pesquisadores em mindfulness em nível de doutorado, o Centro oferece uma disciplina sobre mindfulness e comunicação clínica aos alunos e residentes de medicina e começou uma especialização em mindfulness em 2014.

NOVAS TECNOLOGIAS E FORMAÇÃO EM MINDFULNESS

A intenção de desenvolver intervenções em mindfulness mais curtas e acessíveis aos usuários está produzindo o uso cada vez maior das novas tecnologias. Atualmente, a maior parte dos programas de formação inclui páginas na web especialmente desenvolvidas para o projeto, que oferecem instruções para fazer uma pausa durante o processo clínico, técnicas para prática breve de mindfulness e recomendações e perguntas específicas para atender, de modo consciente, às necessidades dos pacientes (Fortnery et al., 2013).

Também foram desenvolvidas intervenções breves online que foram avaliadas em formato piloto com militares que sofreram transtorno do estresse pós-traumático, confirmando o aumento nos níveis de mindfulness informado pelos próprios pacientes após um treinamento de oito semanas (Niles et al., 2012). Na Espanha, as universidades de Zaragoza, Valencia e Jaume I de Castellón desenvolveram um programa online de intervenção e formação em mindfulness que está começando a ser avaliado em ambientes clínicos e universitários (http://webmindfulness.com).

Por último, o uso progressivo de aplicativos para dispositivos móveis (apps) voltados a mindfulness também disparou nos últimos anos. Tais aplicativos são considerados muito úteis para o aumento da adesão. A falta de prática, tanto no início da formação como durante os meses seguintes é um dos fatores mais limitantes ao êxito desta terapia. Apesar da existência de centenas de apps sobre mindfulness dirigidos ao mercado anglo-saxão (Plaza et al., 2013), apenas existiam em espanhol. Recentemente esses aplicativos vêm sendo desenvolvidos em espanhol com múltiplas funcionalidades para serem usados por praticantes de mindfulness. Além de fornecerem informação teórica e prática (vídeos, áudios) sobre mindfulness, são úteis para um diário de meditação, tanto quantitativo como qualitativo, e permitiriam a realização de práticas de meditação online aos usuários conectados no momento (Plaza et al., 2013).

COMO PRATICAR MINDFULNESS NA ATIVIDADE CLÍNICA DIÁRIA

Além da formação específica em mindfulness, como já se oferece em muitas universidades e da qual temos falado, existem certas técnicas capazes de proporcionar uma prática mais *mindful* na clínica diária. Algumas delas serão apresentadas abaixo (Epstein 1999, 2001):

— *Intenção*: Mindfulness é, pelo menos inicialmente, uma habilidade intencional, a ser buscada de modo propositivo, já que não faz parte de nossa forma habitual de funcionar. É útil começar a atividade de trabalho recordando-nos da serventia de uma perspectiva *mindful*, que nos permita observar os pensamentos, emoções, valores e condutas durante a prática clínica. Repetir o processo várias vezes durante a jornada de trabalho é uma estratégia útil para não perder a motivação.

— *Participação ativa*: Segundo os especialistas em mindfulness, a mente, além de ter um foco principal, pode manter outros focos secundários de atenção, como uma lente. Durante a prática clínica ou a observação (no caso de estudantes e residentes), deveríamos ser capazes de mudar o foco de acordo com nossa vontade. Habitualmente só nos centramos nas variáveis clínico-técnicas, porém deveríamos poder mudar o foco voluntariamente em direção aos sentimentos e valores do paciente ou aos nossos sentimentos e pensamentos. Em nenhum momento perderemos a informação clínica (que consiste no maior medo dos profissionais em formação). Simplesmente poderemos ampliar nosso registro, uma vez que a maior atenção proporcionada por mindfulness nos permitirá tomar consciência desses vários focos que existem simultaneamente.

— *Perguntas reflexivas*: São perguntas que o profissional faz a si mesmo, não necessariamente para obter uma resposta, mas sim para refletir sobre seu estado interno. Deveria se tornar um hábito a ser adotado com certa frequência pelos clínicos. Exemplos desse tipo de pergunta encontram-se na tabela 7.2.

Tabela 7.2. Perguntas reflexivas

Para melhorar a prática clínica, alguns autores (Epstein, 1999) recomendam utilizar, periodicamente, perguntas reflexivas, como: — O que estou pressupondo a respeito deste paciente que pode não estar certo? A experiência prévia com esse paciente pode estar influenciando meu processo de raciocínio ou minha tomada de decisão? — O que me surpreendeu neste paciente? — O que um colega que admiro diria sobre o modo como estou tratando este paciente?

— *Falar em voz alta*: Quando o profissional enfrenta uma situação desafiadora, é útil descrever os sentimentos e pensamentos em voz alta, bem como registrar a situação por escrito e, claro, comentá-la com um mentor ou colega. Os profissionais experientes também deveriam fazer o mesmo para mostrar aos residentes e estudantes que, ao reconhecerem sua própria ignorância e seus erros, poderão desenvolver respostas mais eficazes do que simplesmente negar ou passar por cima do problema.

— *Mantras para a prática diária:* Têm como objetivo reforçar a ideia da "mente de principiante" e permitem ver as coisas (e os pacientes) de uma perspectiva diferente. Algumas frases a serem repetidas interiormente seriam: "Poderia ser de outra maneira" (quando pensamos que o diagnóstico já está terminado) ou "inesperado" (quando encontramos um dado que contradiz nossas expectativas sobre o manejo do paciente). O objetivo não seria tanto repensar todo o processo diagnóstico, mas conscientizar-se dos preconceitos que podem enviesar o raciocínio clínico.

— *Prática mindful* – Pode ser de dois tipos:
  - Formal: Além do treinamento formal de mindfulness, aqui se incluiriam atividades como esporte, yoga, técnicas corporais (*tai-chi, chi-kung* etc.) que permitem a consciência corporal.
  - Informal: São atividades de quietude e tomada de consciência que podem ser incorporadas à nossa vida diária. A mais utilizada em mindfulness é a prática dos três minutos. Durante a prática clínica, antes de dar assistência a cada paciente, é útil realizar por alguns segundos uma respiração profunda, uma tomada de consciência de nosso corpo e de nossos sentimentos. Esses pequenos rituais de atenção que podem se incorporar à nossa vida diária costumam ser muito úteis.

— *Diário de mindfulness*: Para os praticantes de mindfulness, uma prática habitual consiste em manter um diário para anotar a prática formal e informal de mindfulness, bem como um breve relato dos sentimentos surgidos durante as sessões.

CONCLUSÕES E LINHAS FUTURAS DE PESQUISA

A curto prazo, as futuras linhas de pesquisa sobre a eficácia do ensino de mindfulness para profissionais de saúde em formação incluiriam o seguinte (Dobkin e Hutchinson, 2013):

— Comparar a eficácia de um curso de mindfulness com um comparador ativo mediante um estudo controlado randomizado, monitorando o tempo de contato e as dinâmicas de grupo.
— Se for demonstrado que esse curso é eficaz, seria necessário compará-lo em contexto optativo frente a outro em que o curso seja obrigatório. Isso nos orientaria a respeito da propriedade da formação em mindfulness fazer parte do currículo nuclear dos profissionais de saúde social.

— Identificar os componentes eficazes do curso. Para tanto, os dados quantitativos (mais utilizados na pesquisa sobre mindfulness até o momento) deveriam ser complementados com estudos qualitativos (Irving *et al.*, 2012; Beckman *et al.*, 2012). Deste modo, poderíamos entender a perspectiva dos professores e dos alunos simultaneamente, assim como os aspectos que se mostraram mais úteis aos alunos.
— Muitos alunos não participam dos programas de mindfulness. Entre os recrutados, a evasão é de 20% ou mais. É necessário motivar os profissionais para que participem desses programas e permaneçam ao longo de todo o processo. Para tanto, deve-se explicitar com clareza os possíveis benefícios que podem ser obtidos com uma prática regular de mindfulness.
— As intervenções precisam ser breves, pois a falta de tempo dos profissionais é uma das principais barreiras à implementação desses programas. Nesse sentido, as novas tecnologias são um aliado imprescindível.
— Finalmente, no caso dos profissionais que sofrem de *burnout*, a eficácia das intervenções com mindfulness deveria ser estabelecida não apenas mediante estudos psicométricos, mas perante a análise de mudanças neurocognitivas e de neuroimagem ocorridas após a intervenção.
— Além disso, as mudanças contidas nos autorrelatos não implicam que existam mudanças na prática clínica desses profissionais, portanto todos os estudos devem incluir ambos os tipos de variáveis.

Em suma, a prática de mindfulness é um processo contínuo, não um estado irreversível e estático da mente, nem uma meta. Nem mesmo os praticantes mais experientes podem afirmar que "estão atentos" a todo momento. O esforço continuado para chegar a estar mais atento e ser mais curioso frente ao ambiente, para poder experimentar as situações familiares com uma "mente de principiante", pode permitir aos clínicos escutar melhor e alcançar diagnósticos mais precisos, avaliar de forma objetiva seu trabalho e cuidar adequadamente do estresse.

Capítulo 8
Mindfulness e psicologia positiva. Uma união para potenciar o bem-estar

David Alvear

O mistério da vida não é um problema a resolver, mas uma realidade a experimentar.

Aart van der Leeuw (1876-1931)

Este capítulo analisará as possibilidades oferecidas pela integração de duas áreas de pesquisa científica emergentes: mindfulness e a psicologia positiva. Depois de definir e explicar a psicologia positiva, esta seção examinará a fundo os diferentes âmbitos científicos nos quais essas duas áreas de estudo poderão se encontrar, destacando as emoções positivas, as forças pessoais e a psicologia positiva do tempo. O capítulo será finalizado com as conclusões derivadas dessa análise.

INTRODUÇÃO À PSICOLOGIA POSITIVA

Com referência à definição da psicologia positiva, parece haver consenso de entendê-la como "o estudo científico sobre o que faz com que a vida valha a pena ser vivida" (Peterson, 2006). Evidentemente, esta definição tão ampla nos leva a entender a psicologia positiva como um termo abrangente e integrador de múltiplas áreas de estudo e pesquisa da conduta humana, no que se refere ao bem-estar e funcionamento ótimo, tanto individual como coletivo (Sheldon, Fredrickson, Rathunde, Csikszentmihalyi e Haidt, 2000). Interessa-se por temas tão variados como felicidade e bem-estar subjetivo, emoções positivas e inteligência emocional, otimismo e esperança, resiliência e crescimento pós-traumático, condutas saudáveis como mindfulness ou exercício físico, gestão positiva do tempo, forças pessoais, desfrute, humor, capacidade de fluir ou de manter o fluxo de consciência, gratidão, o sentido da vida, crescimento pessoal, a conquista de objetivos e metas, o envelhecer positivo e o morrer positivo, entre outros (Grenville-Cleave, 2012).

Por isso, na psicologia positiva existe um novo compromisso por parte dos pesquisadores em focar a atenção nas fontes da saúde psicológica, indo mais além da ênfase anterior, que se centrava quase exclusivamente no âmbito psicopatológico (Sheldon *et al.*, 2000).

A psicologia positiva entende que o fato de um indivíduo estar livre de doenças mentais não implica, necessariamente, que está crescendo como pessoa (Seligman, 2011). Keyes (2005) realizou uma proposta na qual considerava a ideia de que saúde mental e doença mental não são os extremos de um único contínuo, mas constituem dimensões distintas do funcionamento humano. Uma amostra com mais de três mil indivíduos adultos revelou que cerca de 17% apresentava índices baixos de doença mental e índices elevados de saúde mental, cerca de 10% tinha baixos índices de doença mental e saúde mental, e 15% com altos índices de saúde mental e doença mental. Destes resultados deduzo que os dois últimos grupos não se enquadram no modelo tradicional, que expõe a doença e a saúde mental em um único contínuo, sendo necessário entender a doença mental a partir de uma dimensão e a saúde mental (ou crescimento pessoal) a partir de outra dimensão diferenciada.

Indivíduos com baixa doença mental e baixa saúde mental foram catalogados, com base na psicologia positiva, como pessoas que languidescem na vida, entendendo por "languidescer" o fato de viver uma vida oca e vazia (Seligman, 2011). No mesmo contínuo da saúde mental, a saúde mental positiva é entendida como uma presença: presença de emoção positiva, presença de entrega, presença de encontrar sentido na vida, presença de relações pessoais satisfatórias e presença de realizações. Estes cinco elementos mensuráveis são os componentes da teoria do bem-estar de Seligman (2011), cujo objetivo é o crescimento pessoal.

Huppert e So (2009) mediram o crescimento pessoal em vinte e três países da União Europeia, com uma amostra de mais de 43.000 indivíduos, partindo de uma definição operacional do construto e propondo que, para que uma pessoa esteja crescendo, deve desenvolver todas e cada uma das características centrais do construto (emoções positivas, entrega, interesse, sentido e propósito) e três das características adicionais (autoestima, otimismo, resiliência, vitalidade, autodeterminação e relações positivas). Apenas 18% da população analisada cumpria os requisitos para considerar que experimentava crescimento pessoal. O país onde uma maior porcentagem da população experimentava crescimento pessoal era a Dinamarca (33%), sendo a Rússia o país com menor porcentagem. Na Espanha, 17% experimentava crescimento pessoal. Vale destacar que tais dados são anteriores à crise econômica e financeira (2006 e 2007).

Se abordarmos a psicologia positiva por uma perspectiva histórica, existe um consenso quanto ao ano do início do movimento (1998), quando Martin E. P. Seligman fez seu discurso de posse, abrindo seu mandato como presidente da APA – American Psychological Association (Associação Americana de Psicologia). Durante o discurso, repreendeu o excesso de interesse que a psicologia tem demonstrado pela patologia mental, desde a Segunda Guerra Mundial até os dias de hoje, distanciando-se cada vez mais de seu objetivo primordial: o bem-estar do ser humano (Fowler, Seligman e Koocher, 1999).

QUAL A CONTRIBUIÇÃO DE MINDFULNESS À PSICOLOGIA POSITIVA?

No que diz respeito à relação entre a psicologia positiva e mindfulness, de um modo geral a psicologia positiva entende mindfulness como uma prática saudável adicional, que pode ser útil para crescer como pessoa (Hefferon e Boniwell, 2011). Vários autores renomados da psicologia positiva propõem a prática meditativa da atenção plena como uma ferramenta útil para o aumento do bem-estar. As obras de Seligman (2002), Lyubomirsky (2008), Haidt (2006), Grenville-Cleave (2012) e Akhtar (2012) comprovam isso. Ao mesmo tempo, há outros autores identificados com a psicologia positiva que apenas se interessam ou oferecem espaço à prática de mindfulness, como é o caso de Carr (2004) ou Peterson (2006).

Por outro lado, a partir da cosmovisão que pode ser encontrada nos profissionais formados em mindfulness, a prática de mindfulness pode chegar a ser, em muitos casos, um estilo de vida que se integra tanto no âmbito pessoal como profissional e familiar. Alguns autores defendem a ideia de que a motivação ideal para praticar mindfulness deve ser o desejo de crescer pessoalmente e que não deve haver uma razão exclusivamente utilitarista (por exemplo, mindfulness como ferramenta profissional) como elemento motivador (Simón, 2012). De fato, uma condição *sine qua non* para os instrutores das diversas intervenções baseadas em mindfulness continua sendo a prática diária, tanto formal como informal (Crane e Elías, 2006).

A simples continuidade da prática de mindfulness pode levar ao desenvolvimento de vários traços ou estados mentais associados à psicologia positiva (Niemec, Rashid e Spinella, 2012); em grande parte, isso pode dever-se ao caráter transversal e integrador da prática da atenção plena. Muitos desses traços ou estados mentais positivos enquadram-se na teoria do bem-estar de Seligman (2011) exposta acima.

Por último, a prática de mindfulness pode ajudar não apenas indivíduos que sofrem de alguma psicopatologia (Kuyken *et al.*, 2010) como também aqueles que, ainda que não padeçam de problemas de saúde mental, estão languidescendo em sua vida (Malinowsky, 2013), oferecendo-lhes a oportunidade de florescer, autorrealizar-se e crescer como pessoas e comunidade.

Segundo o tipo de prática meditativa baseada em mindfulness, os resultados em termos de mudança psicológica positiva podem ser completamente diferentes (Hölzel e Ott, 2006). Para facilitar a compreensão do leitor e com risco de cair em reducionismos, dividiremos as práticas meditativas baseadas em mindfulness em duas áreas, de acordo com o tipo de funcionamento atencional utilizado pelo praticante (Lutz, Slagter, Dunne e Davidson, 2008).

De um lado estão as práticas meditativas de atenção focada (AF) em um objeto escolhido anteriormente, como pode ser o caso de centrar a atenção na entrada e saída do ar pelas narinas. De outro lado estão as práticas meditativas de monitoramento aberto (MA) – a prática de mindfulness propriamente dita – que consiste em um monitoramento constante da experiência, momento a momento, com reatividade baixa ou nula ao que está sendo monitorado.

Neste capítulo nos centraremos nas contribuições diretas e indiretas que a psicologia positiva recebe da prática de mindfulness, seja ela formal, informal, em formato de retiro ou de prática intensiva.

EMOÇÕES POSITIVAS E MINDFULNESS: QUANDO A ATENÇÃO PLENA NOS FAZ FLORESCER

Atualmente há evidências de que a prática de mindfulness, entendida como meditações de AF e MA, gera, na maioria das pessoas, emoções positivas de diversas naturezas (Easterlin e Cardena, 1998; Geschwind, Peeters, Drukker, Van Os, e Wichers, 2011). Mesmo em indivíduos que não praticam mindfulness, um alto nível de mindfulness disposicional (*dispositional mindfulness*) tem relação com um alto nível no bem-estar subjetivo (Baer, Smith, Hopkins, Krietemeyer e Toney, 2006) e na satisfação com a vida (Kong, Wang e Zhao, 2014).

Além disso, frente a adversidades ou eventos estressantes, observou-se que a prática de mindfulness – entendida como habilidade metacognitiva – é capaz de gerar uma reavaliação positiva do ocorrido. Essa reavaliação e a prática de mindfulness se retroalimentam mutuamente gerando o que se conhece como dinâmicas de espiral ascendente. A dinâmica de espiral ascendente, neste caso, inclui uma amplitude atencional maior, que facilita uma interpretação mais funcional dos eventos estressantes da vida e, por fim, reduz o estresse gerado. (Garland, Gaylor e Fredrickson, 2011).

Seguindo a classificação realizada pela psicóloga social Barbara Fredrickson (2009) das dez emoções positivas mais representativas, poderíamos dizer que grande parte delas pode ser gerada pela prática de mindfulness. Talvez as mais evidentes sejam a alegria (Kraus e Sears, 2009), a serenidade (Kreitzer, Gross, On-anong, Reilly-Spong e Byrd, 2009) e o amor (Hofman, Grossman e Hinton, 2011).

A *alegria* decorre geralmente da prática da AF e é bastante reportada na tradição do *budismo theravada*, principalmente quando se seguem as instruções do *Anapanasati Sutta*, ou sutra da atenção plena na respiração. No quinto e no sexto passo dos dezesseis que compõem o sutra, fala-se de *piti* e *sukha*, respectivamente. Ambos estados mentais estão muito relacionados com a alegria (Rosenberg, 2004).

Da mesma maneira, e também mediante a prática contínua da AF, a *serenidade* e o sossego aparecem cedo ou tarde. Na tradição isso é denominado *samadhi* e se relaciona com uma mente em calma e estável. Esse estado de consciência, difícil de ser atingido no ritmo de vida de nossa sociedade pós-moderna, é muito apreciado pelos meditadores e consiste em uma importante fonte de motivação para dar continuidade à prática meditativa (Wallace, 2006).

As práticas de AF também incluem a meditação *metta* ou de *bondade amorosa*, que se encontra igualmente referenciada no cânone páli (corpo doutrinário e fundante do budismo theravada). Neste caso, tanto a própria Fredrickson como outros pesquisadores realizaram estudos com a meditação de bondade amorosa em contextos tão variados como o de indivíduos com esquizofrenia (Johnson *et al.*, 2011), meditadores avançados (Lutz, Greischar, Rawlings, Ricard e Davidson, 2004) ou funcionários de uma empresa de tecnologia da informação (Fredrickson, Cohn, e Coffey, 2008). Nesse último estudo, Fredrickson e sua equipe realizaram uma intervenção de seis sessões de uma hora, ao longo de sete semanas em 139 sujeitos. Durante as sessões, os participantes aprenderam progressivamente a enviar bondade amorosa a si mesmos, aos seus entes queridos, a pessoas conhecidas, a desconhecidos e a todos os seres vivos. Deviam praticar em casa a meditação de bondade amorosa cinco dias por semana. Ao final da intervenção, os resultados obtidos refletiram nos participantes um aumento em mindfulness, um aumento de diferentes recursos pessoais, como o sentido da vida e o apoio social, e uma redução dos sintomas depressivos (Fredrickson, Cohn e Coffey, 2008).

Embora possam se expressar de modo mais sutil, existem outros tipos de emoções positivas que também podem ser desenvolvidas de maneira indireta com a prática de mindfulness. Neste grupo estão a gratidão, o interesse e a absorção.

Gratidão significa "dar-se conta" e sentir-se "agradecido" por coisas boas que acontecem na vida e dedicar tempo para expressar tal agradecimento (Niemec, 2014). Trata-se de uma emoção positiva relacionada à satisfação com a vida, otimismo, conduta pró-social, longevidade, abertura à experiência e baixos níveis de ansiedade, neuroticismo e depressão (Peterson e Seligman, 2004). No praticante de mindfulness, o aumento da *gratidão* pode ocorrer por duas frentes.

Primeiramente, podem surgir sensações subjetivas relacionadas ao aumento da valorização de pequenos fenômenos cotidianos que rodeiam a pessoa. Isso faz que aumente o valor atribuído àquilo que se tem (relações, trabalho, capacidades...). Esse fenômeno foi estudado por Bryant e Veroff (2007) sob o nome *saborear*. Os autores propuseram diversas fórmulas para desenvolver o saborear (Bryant e Veroff, 2007) e uma ferramenta para sua medição (Bryant, 2003). Um exemplo claro costuma ser quando se pratica mindfulness ao comer, que, além de intensificar o sabor e o aroma da comida, aumenta a conscientização da rede de pessoas necessárias para que essa comida chegue ao prato. (Albers, 2011; Hepworth, 2011). Outra atividade que pode unir mindfulness e gratidão de uma maneira mais pragmática é o exercício das três bênçãos (Seligman, 2011), que ajuda a pessoa a detectar e dar-se conta dos eventos positivos que ocorrem em sua vida.

Isto que foi apresentado nos levaria à segunda frente na qual pode ver-se revelada mindfulness em relação à gratidão – aquilo que Thich Nhat Hanh (1992) chamou de *interser,* ou a interconexão de seres na qual se baseia a realidade. Esse fenômeno pode ser relacionado ao subcomponente da autocompaixão, denominado *humanidade compartilhada* (Neff, 2003). Entretanto, vale ressaltar que a humanidade compartilhada só pode estar presente se houver uma situação de dor ou sofrimento (Neff, 2003), ao passo que a experiência de interser também pode se dar em situações de afetividade neutra ou positiva (Sitzman, 2002).

Quando a prática de mindfulness integra-se à vida, costumam surgir também o *interesse* e a *curiosidade* por eventos privados (pensamentos, emoções e sensações corporais). Com efeito, a curiosidade é um fator-chave na *Toronto Mindfulness Scale* (Lau *et al.*, 2006), uma das ferramentas de medição de mindfulness mais populares. Uma vez integrada tanto a prática formal como a informal, o praticante de mindfulness está pronto para se converter em um mapeador dos processos físicos e mentais que ocorrem na experiência, observando com interesse e curiosidade como os fenômenos se sucedem e dando espaço ao que Shunryu Suzuki (1970) denominou "mente de principiante". Chegou-se a observar que a combinação de níveis elevados de curiosidade e de mindfulness predizem uma aproximação à realidade menos defensiva (Kashdan, Afram, Brown, Birnbeck e Drvoshanov, 2011).

Por último, a *absorção* ou ensimesmamento pode se dar na prática meditativa formal de AF pelo mero fato de se insistir em retornar a atenção repetidamente ao objeto primário, levando a estados meditativos profundos. É o que se conhece na tradição budista como *jhanas*, ou estados de absorção. Em uma de suas pesquisas, Hölzel e Ott (2006) definiram o construto de absorção como um traço de personalidade formado por dois subcomponentes: a abertura a estados místicos e a habilidade meditativa para focar a atenção em um objeto sem distrair-se. Observou-se que a *absorção* exerce forte influência na profundidade da meditação, ao passo que o estado de mindfulness é influenciado de maneira moderada por parte da absorção. O estudo também destacou uma relação positiva moderada entre os anos de prática meditativa e os níveis de absorção.

Em relação à prática de MA, embora possa ser treinada em qualquer contexto ou situação, um espaço propício ao seu desenvolvimento seriam as práticas intensivas ou retiros. Observou-se que uma prática intensiva de 10-12 horas de mindfulness formal durante um mês em formato de retiro levou ao aumento de mindfulness como traço, descentramento (*decentering*), aceitação de eventos privados, bem-estar subjetivo e autocompaixão, ao mesmo tempo que há uma queda nos níveis de ansiedade (Orzech, Shapiro, Brown e McKay, 2008).

FORÇAS PESSOAIS E MINDFULNESS: DESENVOLVENDO O MELHOR DE CADA PESSOA

Forças pessoais são capacidades cognitivas, afetivas, volitivas e de conduta consideradas ingredientes psicológicos necessários ao desenvolvimento das virtudes humanas (Niemiec, 2014). Nesse sentido, as forças pessoais podem ser entendidas como multidimensionais, mensuráveis, universais, desenvolvidas em diferentes graus e contextos, e podem ser super ou subutilizadas ou empregadas de modo incorreto (Peterson e Seligman, 2004). Embora existam várias classificações, neste texto nos centraremos na classificação das 24 forças pessoais de Peterson e Seligman (2004), um trabalho faraônico para desenvolver uma classificação transcultural, de validação universal, das virtudes e das forças pessoais que as sustentam. Finalmente, esse projeto adquiriu a forma de um rigoroso e extenso manual de 800 páginas, cuja intenção foi tornar-se o contrário do DSM – *Diagnostic and Statistical Manual of Mental Disorders* (Manual Diagnóstico e Estatístico dos Transtornos Mentais), da Associação Americana de Psiquiatria (Seligman, 2002). Na atualidade, as intervenções baseadas em forças pessoais são desenvolvidas em âmbitos tão díspares quanto o profissional (Harzer e Ruch, 2012), o psicoterapêutico (Seligman, Rashid e Parks, 2006) ou o educacional (Steen, Kachorek e Peterson, 2003).

É possível fazer uma aproximação classificatória do casamento entre mindfulness e as forças pessoais a partir de duas vertentes que, apesar de serem diferenciáveis, em nenhum caso são excludentes.

Em primeiro lugar, pode-se entender mindfulness como um elemento-chave e essencial no momento de detectar, diagnosticar, implementar e desenvolver diferentes forças pessoais, tanto em uma única pessoa como em intervenções de grupo. Da mesma forma, pode-se valer do cultivo das diversas forças pessoais para gerar uma prática sólida em mindfulness, convertendo tanto mindfulness como as forças pessoais em dois elementos-chave que se retroalimentam, oferecendo maior bem-estar ao praticante (Niemiec, Rashid e Spinella, 2012).

Em segundo lugar, pode-se conceber que a mera prática de mindfulness já supõe um desenvolvimento implícito, sutil e gradativo de várias forças pessoais, tal como comentaremos mais adiante.

Uma análise da primeira opção coloca em destaque o programa de oito semanas denominado *Mindfulness-Based Strengths Practice* – MBSP (Prática das Forças Baseada em Mindfulness), desenvolvido por Ryan Niemiec (2014), psicólogo especialista em forças pessoais e no elo entre o cinema e a psicologia positiva. Neste programa de intervenção MBSP, diferente dos programas mais clássicos (MBSR, MBCT, etc.), o que se enfatiza de maneira explícita é o aumento e o equilíbrio do positivo no ser humano, muito mais do que tentar gerir o que é disfuncional.

Com referência à segunda opção, observou-se que o simples fato de praticar mindfulness contribui para o desenvolvimento de diferentes forças pessoais (Baer e Lykins, 2011). Dependendo de diversos fatores, como estilo de personalidade, a prática meditativa realizada e o contexto social em que ela ocorre, entre outros, a pessoa desenvolverá potencialidades do caráter que até então se encontravam latentes em sua psique. Muitas vezes, o próprio indivíduo pode não ser consciente deste avanço, e nesse caso é necessário que o instrutor de mindfulness faça um acompanhamento adequado, que ajude o praticante a detectar as mudanças ocorridas no âmbito das forças pessoais.

Numerosas pesquisas relacionam o aumento de diferentes forças pessoais com a prática de mindfulness. Alguns exemplos são os trabalhos de Dobkin e Zhao (2011) com a coragem, o de Hefner e Felver--Gant (2005) com a honestidade, o de Reibel (Reibel, Greeson, Brainard e Rosenzweig, 2001) com a vitalidade, o de Kashdan (Kashdan *et al.*, 2011) com a curiosidade, o de Masicampo e Baumeister (2007) com a autorregulação, e o de Sears e Kraus (2009) com a esperança.

PSICOLOGIA POSITIVA DO TEMPO E MINDFULNESS: VIVER O PRESENTE A PARTIR DA FUNCIONALIDADE

O estudo e as pesquisas do tempo subjetivo renasceram com toda força a partir das contribuições de Phil Zimbardo (Zimbardo e Boyd, 2008) à chamada Psicologia do Tempo.

O tempo subjetivo não deixa de ser um construto esquivo, complicado de medir. No entanto, sabe-se que cada ser humano constrói sua realidade psicológica com base em perspectivas temporais concretas, praticamente em um nível não consciente, e que isto se relaciona diretamente com seu processamento cognitivo, sua realidade afetiva e seus valores.

Na Teoria da Psicologia do Tempo, Zimbardo destaca sua divisão e diferenciação daquilo que denomina "Perspectivas Temporais" e que poderiam ser tratadas como cinco construtos independentes: o Passado Negativo (atitudes pessimistas em relação ao passado), o Passado Positivo (visão positiva e nostálgica do passado pessoal), o Presente Hedonista (satisfação de desejos de maneira espontânea, sem considerar riscos futuros), o Presente Fatalista (convicção de que as experiências não podem ser controladas por causas externas) e o Futuro (que destaca as recompensas esperadas por eventos que ocorrem como resultado de conquistas específicas a longo prazo).

O questionário ZTPI – *Zimbardo Time Perspective Inventory* (Zimbardo e Boyd, 1999) foi criado para medir todas essas Perspectivas Temporais. Posteriormente, a partir da experiência obtida com pesquisas, acrescentou à sua teoria duas perspectivas temporais, que não puderam ser integradas às cinco dimensões consideradas anteriormente. São elas: o Futuro Transcendental e o Presente Holístico.

Provavelmente, em uma obra dedicada a mindfulness, o que aos leitores mais interessa saber é que a prática de mindfulness pode contribuir para restabelecer um equilíbrio funcional das diferentes perspectivas temporais, levando o meditador a gerenciar de maneira positiva suas vivências relacionadas ao passado, ao presente e ao futuro.

Entretanto, observou-se ainda a existência de uma perspectiva equilibrada do tempo, que se relaciona com diferentes valores de bem-estar. Este equilíbrio consideraria, para fins de orientação, um nível médio de Presente Hedonista, um nível médio de Futuro, um nível baixo de Presente Fatalista e de Passado Negativo, e um nível alto de Passado Positivo (Boniwell e Zimbardo, 2004).

O estado de consciência atingido com a prática da atenção plena está relacionado ao Presente Holístico na teoria de Zimbardo (Zimbardo e Boyd, 2008). Seria uma maneira de viver o presente – diferente do Presente Hedonista e do Presente Fatalista – renunciando ao desejo de possibilidades futuras e ao arrependimento e às obrigações do passado. Pode levar a um estado de consciência em que se percebe a integração do passado e do futuro em uma vivência de presente expandido. O Presente Holístico pode ser relacionado ao cultivo do "modo ser" da mente, utilizado em grande parte das intervenções baseadas em mindfulness (Williams e Penman, 2011).

Embora existam poucas pesquisas relacionando mindfulness com uma perspectiva equilibrada do tempo (Vowinckel, 2012), com base no que se observou até agora tudo indica que a prática de mindfulness, muito além do cultivo do Presente Holístico, possui uma grande capacidade de equilibrar as perspectivas temporais em direção a níveis mais funcionais. Um exemplo pode ser a orientação ao futuro centrada em metas vitais mais específicas e realistas (Crane, Winder, Hargus, Amarasinghe e Barnhofer, 2012), que foi observada em indivíduos que realizaram o Programa de Terapia Cognitiva Baseado em Mindfulness.

CONSIDERAÇÕES FINAIS

Ao tentar compreender os movimentos de mindfulness e a psicologia positiva a partir de uma evolução em espiral do desenvolvimento (Beck, 1996), poderíamos entender que o que estamos vivendo na primeira e na segunda década do século XXI seria um retorno ao movimento do potencial humano e ao crescimento pessoal (Seligman, 2011), desta vez revestido, porém, de um método científico e de intervenção mais rigoroso, estruturado e eficaz que o realizado na segunda metade do século XX – com tudo o que isto supõe, pelo fato de poder se abrir ao âmbito científico em diferentes campos, como as ciências sociais, a medicina e a empresa. E, por fim, receber apoio e respaldo institucional, tanto no âmbito público como privado. Um exemplo seria o livro *Mindful Nation*, publicado pelo congressista Tim Ryan, de Ohio, que promulga a contribuição do Estado para que a prática de mindfulness seja acessível ao maior número possível de cidadãos (Ryan, 2012).

As informações expostas neste capítulo têm potencial para serem aplicadas com um caráter preventivo e educativo, em contextos educacionais; com caráter de intervenção, em contextos clínicos ou de psicoterapia; como elemento-chave ao crescimento pessoal ou à autorrealização, em escolas de meditação com instrutores qualificados; e, como caráter transversal, não podemos ignorar a capacidade de desenvolvimento do aspecto ético-moral nos cidadãos meditadores que possuem a prática de mindfulness, e do benefício posterior que isto pode trazer no âmbito comunitário, resultando no que foi definido em outro texto como *atenção responsável* (Rodríguez, Alvear e Arrebola, 2011).

Existem cada vez mais evidências que nos fazem ver que a aplicação conjunta da psicologia positiva e mindfulness tem a capacidade de potenciar o aumento do bem-estar, tanto subjetivo como comunitário, podendo conduzir o praticante a uma espiral ascendente de florescimento e crescimento pessoal (Garland *et al*, 2011).

No entanto, ainda estamos no começo da pesquisa conjunta realizada entre essas duas áreas de estudo. Precisamos de uma pesquisa maior, que avalie a utilidade e o potencial terapêutico, educativo e gerador de bem-estar resultante da combinação de mindfulness e psicologia positiva. Nesse sentido, os próximos cinco anos podem ser apaixonantes.

Para concluir, atrevo-me a enfatizar que o exposto acima abre as portas, de par em par, a um século de Sabedoria retroprogressiva (Pániker, 1987), onde o uso dos avanços tecnológicos deve ser acompanhado do reconhecimento valorativo e a integração das tecnologias fenomenológicas que a Filosofia Perene (Huxley, 1944) nos legou, com o fim de avançar em direção a uma sociedade mais compassiva, amável e bondosa.

Capítulo 9
O REENCONTRO CIENTÍFICO COM A COMPAIXÃO

Vicente Simón

Sem a âncora da compaixão, existe o risco de que a prática de mindfulness se converta em uma forma sutil de evitar as dificuldades, mantendo a mente no modo de "observação" e de "foco na respiração", sem ocupar-se das coisas dolorosas.

Gilbert e Choden (2013)

Por que falar de compaixão em um livro sobre *mindfulness*? Talvez a razão mais evidente seja que à medida que se avança no estudo científico de mindfulness se descobre cada vez mais laços de união entre ambos os estados mentais – laços que poderiam não ser percebidos por um observador ocidental, à primeira vista. Entretanto, para quem conhece a psicologia budista, o parentesco entre *mindfulness* e compaixão não é nem surpreendente, nem desconhecido. Na tradição budista, as qualidades da sabedoria e da compaixão são consideradas inseparáveis e complementares. São mencionadas como as duas asas de um pássaro (o pássaro do *dharma*), que não conseguiria voar se lhe faltasse uma delas. *Mindfulness* nos conduz à sabedoria, como o leitor já pôde averiguar ao longo do livro.

Este capítulo tratará de esclarecer essa relação entre atitude compassiva e atitude *mindful,* relação que nos permite falar de uma compaixão *mindful* ou de uma consciência compassiva. Ser conscientemente compassivo vislumbra-se como a via magna para a felicidade – tanto a própria como a dos seres que nos rodeiam. Conforme diz o Dalai Lama (2009):

> Se quiser que outros sejam felizes, pratique a compaixão;
> se você mesmo quiser ser feliz, pratique a compaixão.

Além de revelar este reforço mútuo entre mindfulness e compaixão, é importante destacar que a atitude compassiva é algo que pode ser aprendido e desenvolvido com a prática. É por isso que hoje em dia estamos assistindo ao aparecimento de vários programas ou protocolos práticos, concebidos como ferramentas para que o praticante desenvolva seu potencial inato para a compaixão. Essas práticas, propícias ao desenvolvimento da compaixão em nossos corações, foram denominadas "práticas geradoras", uma vez que o que propõem é "gerar", naqueles que a praticam, essa atitude compassiva que vem despertando tanto interesse. É possível que esse nome, meramente descritivo, faça um certo contraste com a prática concisa de mindfulness, à qual se atribui (talvez erroneamente) uma atitude mais contemplativa e receptiva.

DEFINIÇÃO DE COMPAIXÃO E CONCEITOS AFINS

A palavra compaixão vem da raiz latina *compati*, "sofrer com" e embora seja uma palavra antiga, com semelhanças em muitas línguas ocidentais, seu significado está longe de ser claro para a população em geral. O dicionário da Real Academia Espanhola, por exemplo, define a compaixão da seguinte maneira:

Sentimento de comiseração e lástima por aqueles que sofrem penalidades ou desgraça.

Tal definição não coincide de modo algum com o uso do termo utilizado na literatura científica atual, na qual a compaixão vem sendo objeto de intenso estudo. Na definição da Real Academia Espanhola se destaca a lástima, que confere um tom de superioridade em relação àquele que sofre, algo que é totalmente alheio ao significado científico (e histórico) da compaixão.* A compaixão é um sentimento entre iguais. Para todos os que escrevem em castelhano, esse uso defasado do termo *compaixão* pode ser um obstáculo, mas confio que em um curto espaço de tempo o significado original e positivo da palavra compaixão começará a penetrar na mente popular.

Na "Carta pela Compaixão" (Charter for Compassion), redigida em 2009 em uma convenção promovida por Karen Armstrong (ver Armstrong, 2011) e que uniu diferentes líderes religiosos de todo o mundo, adotou-se uma definição cuja origem se encontra em Confúcio:

Trate os outros como gostaria de ser tratado.

A compaixão é chamada a Regra de Ouro de todas as religiões monoteístas. A Carta pela Compaixão é um chamado para restaurar a compaixão em todo o mundo e cultivar a empatia com todos os seres humanos que sofrem, inclusive com aqueles que consideramos nossos inimigos. Para mais informações sobre o projeto da Carta pela Compaixão, consulte: http://charterforcompassion.org.

Para proceder de maneira prática, os comentários foram agrupados em duas partes: a primeira esclarece o significado de alguns

---

* O Dicionário Houaiss da Língua Portuguesa acrescenta ao sentimento de comiseração e lástima da definição espanhola o desejo de diminuir o sofrimento do outro: "compaixão – s.f. sentimento piedoso de simpatia para com a tragédia pessoal de outrem, acompanhado do desejo de minorá-la; participação espiritual na infelicidade alheia que suscita um impulso altruísta de ternura para com o sofredor". [N. do E.]

termos de uso frequente, sob a perspectiva da pesquisa científica puramente ocidental. A segunda parte apresenta comentários dos termos mais utilizados pelos autores que possuem uma perspectiva relacionada à tradição budista. O restante do capítulo se concentrará na opinião dos autores que adotam o enfoque budista.

TERMINOLOGIA RELACIONADA À COMPAIXÃO, NÃO INSPIRADA NA TRADIÇÃO BUDISTA

Em uma revisão bastante completa sobre o tema da compaixão, Goetz *et al.* (2010) a definem como:

> O sentimento que surge ao se presenciar o sofrimento do outro e que traz um desejo de ajudar.

A *empatia* refere-se à experiência que uma pessoa tem das emoções dos outros. Na empatia, o observador compartilha as emoções do indivíduo observado (Singer e Lamm, 2009). Poderíamos dizer que ele sente, em si mesmo, em seu próprio corpo, o que o outro está sentindo. Sente-se "com" a outra pessoa.

O *contágio emocional* é outro fenômeno relacionado à empatia, embora seja diferente dela. Hatfield *et al.* (1993) o definem como:

> A tendência a mimetizar e sincronizar automaticamente expressões afetivas, vocalizações, posturas e movimentos com os da outra pessoa, e, consequentemente, coincidir emocionalmente com ela.

No contágio emocional, a emoção experimentada por um indivíduo é facilmente transmitida àqueles que o observam. Por exemplo: uma criança começa a chorar ao ouvir outra criança chorar. Segundo Singer e Lamm (2009), a principal diferença com a empatia é que, no caso desta, há uma consciência clara do *self*, uma clara distinção entre eu e o "outro", o que não ocorre no contágio emocional. Na verdadeira empatia, está claro o que eu sinto e o que o outro sente, e percebemos perfeitamente que somos dois seres distintos.

Assim como a empatia se refere à emoção que um indivíduo compartilha com outro (sente"com" o outro), a *simpatia* está bem mais voltada à emoção que um sente "pelo" outro. Eisenberg *et al.* (1999) definem a simpatia como:

> A preocupação com o outro baseada na percepção ou compreensão do estado ou da condição emocional do outro.

Os mesmos autores diferenciam a simpatia do *mal-estar pessoal* (*personal distress*), que entendem como:

> Uma reação emocional centrada em si mesmo, e devida à percepção ou compreensão do estado ou condição emocional de outra pessoa.

O mal-estar pessoal estaria centrado no alívio de si mesmo, ao passo que a simpatia implicaria uma motivação voltada ao outro. Segundo essa visão, a empatia poderia, eventualmente, resultar em simpatia, em mal-estar pessoal ou em ambos, simultaneamente.

Outro termo relacionado à compaixão é o *altruísmo*. Em geral, as referências ao altruísmo costumam-se aludir a uma conduta. De acordo com Meeks, Cahn e Jeste (2011), o altruísmo é:

> Uma conduta que, ainda que seja prejudicial para si mesmo, beneficia outros e parece estar programado pela genética para ser mais forte em relação àqueles geneticamente mais próximos de nós.

Nesse contexto biológico, considera-se que a compaixão e outras tendências pró-sociais evoluíram para motivar o altruísmo (Goetz *et al.*, 2010).

Como podemos ver, existem vários termos intimamente relacionados entre si e, ao mesmo tempo, diversas interpretações deles. Compartilho da posição de Goetz et al. (2010), que consideram que o termo "compaixão" abrange um conjunto amplo de estados emocionais. Portanto, a palavra compaixão poderia ser utilizada para designar uma família de estados afins, que incluiria a simpatia, a preocupação empática e inclusive a lástima.

DEFINIÇÕES INSPIRADAS NA TRADIÇÃO BUDISTA

Parece-me importante começar esta seção recordando a advertência feita por Gilbert e Chodon (2013), ao tentarem definir a compaixão:

> Deveríamos ter cuidado para não simplificar a compaixão em um único conceito, já que há séculos e em diferentes tradições a compaixão tem sido associada à bondade, à simpatia e, como enfatiza Matthieu Ricard, ao amor altruísta.

Uma das definições citadas com maior frequência no contexto do budismo é a do Dalai Lama (2001):

> A compaixão consiste no desejo de que todos os seres sencientes estejam livres de sofrimento.

De acordo com a perspectiva budista, a compaixão é um dos *Quatro Incomensuráveis Estados da Mente*, que são: o amor (*metta*), a compaixão (*karuna*), a alegria (*mudita*) e a equanimidade (*upeksha*). Metta é traduzida como "bondade amorosa" (*loving-kindness*) e significa:

> Um sentimento de amor desinteressado pelos outros (sem apego, sem buscar benefício próprio) e reflete o desejo de que todo o mundo, sem distinção alguma, seja afortunado e feliz.
> Dalai Lama, 1997

A diferença entre bondade amorosa e compaixão está na ausência ou presença de sofrimento. Se não há sofrimento, o desejo de que os demais sejam felizes é "bondade amorosa" (*metta, loving-kindness*). Se houver sofrimento, o desejo de que os demais se libertem dele é "compaixão" (*karuna*). De acordo com Germer (2009), a compaixão é uma subdivisão da bondade amorosa.

Outra definição de origem budista, citada e apropriada por Gilbert e Choden (2013), afirma que:

> A compaixão é ser sensível ao próprio sofrimento e ao dos outros, com um compromisso profundo para impedir e aliviar esse sofrimento.

Para Hangartner (2011), a compaixão é um processo composto por três partes: a primeira, afetiva – "Sinto o que você sente"; a segunda, cognitiva – "Eu te compreendo", e a terceira, motivacional – "Quero te ajudar". Talvez uma das definições mais completas – por refletir os diferentes matizes da compaixão – seja a de Feldman e Kuyken (2011), também a partir de uma perspectiva budista:

> A compaixão é uma resposta pluridimensional à dor, à angústia e à pena. Inclui a bondade, a empatia, a generosidade e a aceitação. Os fios da valentia, da tolerância e da equanimidade encontram-se, do mesmo modo, tecidos na teia da compaixão. Acima de tudo, a compaixão é a capacidade de abrir-se à realidade do sofrimento, e de aspirar a sua cura. Certa vez, o Dalai Lama disse: "Se você quer saber o que é compaixão, observe os olhos de um pai ou de uma mãe acalentando seu bebê doente e febril".

Mais adiante, afirmam:

> A compaixão é uma orientação da mente que reconhece a dor e a universalidade da dor na experiência humana, e a capacidade de

enfrentar a dor com bondade, empatia, equanimidade e paciência. Da mesma forma como a autocompaixão está direcionada à nossa própria experiência, a compaixão estende essa orientação à experiência dos outros.

Abri esta seção recordando a advertência de Gilbert e Chodon (2013) e gostaria de concluí-la citando a definição proposta por eles:

[...] sugerimos que a compaixão seja uma forma de desenvolver a bondade, o apoio e o ânimo para promover a coragem que nos falta – e para realizar as ações necessárias – a fim de promover o florescimento e o bem-estar próprio e dos demais.

Citando o mestre budista Geshe Tashi Tsering (2005), eles destacam:

Nosso foco deveria centrar-se na alegria que sentiríamos ao ver os outros aliviados de seu sofrimento.

Desta forma, em vez de simplesmente definir a compaixão como um sentimento ou um processo concreto, podemos considerá-la uma "mentalidade social" (nas palavras de Gilbert), que coordena e integra diversos elementos mentais, como a motivação, a atenção, a empatia, a simpatia e a ação. A compaixão possui a capacidade de "organizar" a mente e fazer com que esta funcione em uma determinada direção que é, sem dúvida, a de procurar que os seres vivos se encontrem livres de sofrimento e das causas do sofrimento (ver Gilbert e Chodon, 2013).

UMA SÍNTESE. A COMPAIXÃO COMO MOTIVO ORGANIZADOR DA MENTE E DA CONDUTA

Conforme vimos, em algumas das definições citadas prevalece a concepção da compaixão como uma atitude integradora complexa, que requer diversas sensibilidades e várias habilidades. O mundo científico está se abrindo à possibilidade de compreender a compaixão, não apenas como um estado emocional reativo à contemplação do sofrimento, mas também como uma motivação, como um motivo capaz de nos orientar na vida. Os motivos são grandes organizadores da mente e da conduta, como também é o caso da compaixão.

Dissemos anteriormente que a compaixão era composta por dois elementos-chave: a sensibilidade ao sofrimento dos outros (e ao próprio) e o compromisso de aliviar e extirpar as raízes desse sofrimento. A sensibilidade ao sofrimento é o principal motor que aciona a compaixão, e tal sensibilidade está feita, acima de tudo, de empatia. A empatia é a capacidade não apenas de perceber e sentir, mas também de compreender o sofrimento e suas raízes. Além de sabermos que alguém está sofrendo, compreendemos as razões desse sofrimento. Como se diz na linguagem popular, somos capazes de nos colocar no lugar do outro, de calçar seu sapatos. (Nós, seres humanos, podemos fazê-lo graças à capacidade cerebral que chamamos de "mentalização" ou teoria da mente).

É necessário advertir que a empatia nem sempre leva a um bom resultado; empatia e compaixão não são sinônimos. A empatia pode ser utilizada de modo inadequado, inclusive cruel. Pensemos na empatia que um torturador pode ter. Quanto maior sua capacidade empática, maior será seu acerto e refinamento na hora de infligir dano à vítima. Neste caso, a empatia é utilizada como uma ferramenta para atingir um fim que está muito longe de ser compassivo. Não pretende aliviar o sofrimento, mas pelo contrário, exacerbá-lo.

Outra forma menos maligna, porém igualmente inadequada de utilizar a empatia é a manipulação. Gilbert e Choden (2013) citam o exemplo de alguns anúncios da indústria publicitária. Embora sejam feitos com muita empatia, com muita compreensão do funcionamento da mente do consumidor, seu único objetivo é aumentar as vendas, sem atentar muito se o produto poderá ser nocivo ao consumidor (como no caso do tabaco ou da ingestão excessiva de alimentos prejudiciais).

Ao presenciarmos o sofrimento de outra pessoa que desperta nossa empatia, é frequente que nos sintamos sobrecarregados pelo sofrimento do outro e pelo efeito que ele tem sobre nós. É o *mal-estar pessoal* que mencionei antes e que pode facilmente levar-nos a evitar o contato com essa pessoa e, por consequência, impedir-nos de ajudá-la. É por isso que, além da empatia, precisamos de uma qualidade adicional, a *tolerância ao mal-estar*. É a bondade amorosa (*metta*) que nos proporciona a paciência e a valentia necessárias para tolerar o mal-estar, a energia suficiente para ajudar o outro e experimentar a alegria que se produz em nós quando vemos que aliviamos seu sofrimento.

Outra habilidade requerida para ser compassivo é característica de mindfulness: *não julgar* a pessoa que sofre. Consiste em fazer-nos conscientes dos conteúdos mentais que surgem em nós (por exemplo, julgamentos condenatórios e opiniões negativas que aparecem de maneira automática na mente), porém sem nos aferrar a eles. Deixamos que passem, como simples pensamentos que são. Damo-nos tempo para compreender o que está acontecendo e para inclinar-nos para a solução mais idônea (e compassiva), sem ter, por isso, que renunciar às nossas preferências e valores.

Vemos, portanto, que para sermos compassivos precisamos de uma série de habilidades relacionadas umas com as outras. Ao contemplar o sofrimento do outro, surge em nós a empatia, que implica tanto compreender o que está acontecendo na mente do outro como sentir seu estado emocional. Em seguida, se a bondade amorosa (*metta*) desperta em nós, seremos capazes de tolerar o mal-estar que o sofrimento do outro pode nos trazer. Também poderemos evitar julgar a pessoa que está sofrendo e encontrar a motivação e a energia suficientes para passar à ação e ajudá-la. Por último, a ação de ajudar nos proporcionará um sentimento de alegria e satisfação, ao ver que nossa atuação serviu para aliviar o sofrimento desse ser. Uma representação esquemática desta série de processos poder ser visualizada na figura 9.1.:

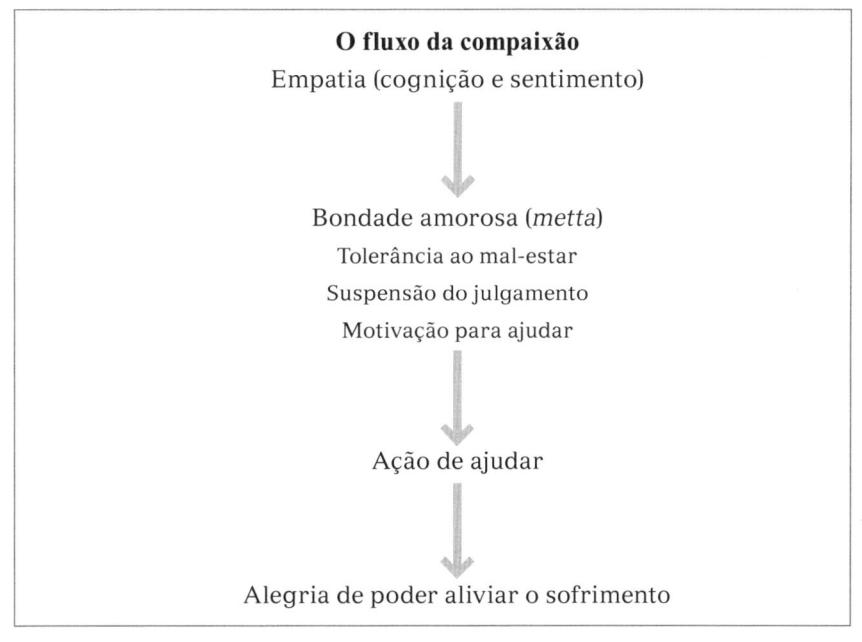

O fluxo da compaixão
Empatia (cognição e sentimento)
⬇
Bondade amorosa (*metta*)
Tolerância ao mal-estar
Suspensão do julgamento
Motivação para ajudar
⬇
Ação de ajudar
⬇
Alegria de poder aliviar o sofrimento

Figura 9.1. O fluxo da compaixão

ASPECTOS BIOLÓGICOS DA COMPAIXÃO

A compaixão também está começando a ser estudada do ponto de vista biológico. Apresentaremos aqui um breve esboço dos dois principais enfoques biológicos sobre o tema. O primeiro pertence à teoria da seleção natural e o segundo refere-se a estudos neurobiológicos.

A origem evolutiva da compaixão

Provavelmente Darwin (1871) foi o primeiro a defender a origem evolutiva da compaixão, referindo-se a ela como "simpatia". Em sua obra *A Descendência do Homem* (*The Descent of Man, and Selection in Relation to Sex*), ponderou que:

> A simpatia teria se incrementado por meio da seleção natural, já que as comunidades que tivessem incluído o maior número de membros "simpáticos" floresceriam melhor e deixariam uma descendência mais numerosa.

Na atualidade, três linhas de raciocínio defendem a origem evolutiva da compaixão (Goetz *et al.*, 2010) e serão brevemente expostas aqui:

1. O primeiro argumento baseia-se no papel da compaixão no cuidado da descendência em espécies como os mamíferos e, em especial, no ser humano, cujas crias nascem muito vulneráveis e requerem, para sobreviver, muita dedicação por parte dos pais ou cuidadores. Essa enorme dependência dos recém-nascidos foi a força motriz que impulsionou o desenvolvimento do que hoje conhecemos como "sistema de apego", ou seja, o mecanismo neural necessário para que os pais cuidem dos filhos e para que estes busquem com insistência o cuidado dos pais, já que sua sobrevivência depende de tais cuidados. Nessas circunstâncias, é lógico que aqueles indivíduos que apresentem mais sentimentos e condutas compassivas perante o sofrimento dos filhos em momentos de necessidade aumentem a probabilidade destes sobreviverem, garantindo assim uma transmissão elevada dos genes relacionados ao traço emocional da compaixão.

2. O segundo argumento está relacionado à teoria da seleção sexual, dentro da teoria da seleção natural. Nos processos de seleção intersexual (ou seja, a escolha do parceiro sexual) tanto os homens como as mulheres prefeririam fazer par com indivíduos compassivos, já que estes têm a tendência emocional de se comportar de modo mais altruísta e prover mais cuidados físicos e emocionais, tanto aos filhos como aos próprios parceiros. Esta escolha, que dá preferência a indivíduos compassivos como parceiros sexuais, se transformaria em um aumento dos genes relacionados com a compaixão dentro do *pool* genético geral.
3. O terceiro argumento refere-se à formação de relações cooperativas com indivíduos aos quais não estamos unidos por laços de parentesco (*non-kin*). Trivers (1971) já havia proposto que uma série de estados relacionados à compaixão (ou à simpatia, segundo Trivers) favoreceriam o surgimento de condutas altruístas entre indivíduos sem parentesco, condutas que seriam benéficas a todas as partes envolvidas. Ou seja, a cooperação seria favorecida pela compaixão. Os indivíduos dariam preferência a relações com pessoas que demonstrassem traços compassivos, já que sinalizariam relações mais agradáveis e confiáveis, levando à troca de benefícios entre indivíduos não unidos por laços de família. A longo prazo, este aumento de cooperação entre indivíduos compassivos possibilitaria a maior sobrevivência daqueles que possuíssem tal característica e, consequentemente, maior êxito reprodutivo.

Em suma, os argumentos evolutivos defendem que a compaixão surgiu como um traço emocional e de conduta diferenciado, que ajuda a reduzir o sofrimento e difere de outros estados emocionais como a tristeza, o amor romântico ou o mal-estar emocional.

NEUROCIÊNCIA DA COMPAIXÃO

Na atualidade estamos começando a investigar quais são as estruturas cerebrais que sustentam os sentimentos e comportamentos compassivos. Temos duas fontes de informação a respeito. Por um lado, os estudos de neuroimagem, que nos informam, ao vivo e de modo direto, quais estruturas cerebrais são ativadas quando os seres humanos experimentam a compaixão. Em segundo lugar, os conhecimentos neurobiológicos, que nos ilustram sobre os sistemas neurais que sustentam os comportamentos de cuidado e as condutas altruístas. Explanarei os aspectos mais relevantes desses dois enfoques.

A COMPAIXÃO VISTA ATRAVÉS DA NEUROIMAGEM

Embora o estudo da atividade cerebral durante as experiências compassivas ainda se encontre nos primórdios, já existem alguns conhecimentos sólidos. Singer *et al.* (2004) estudaram, por meio de ressonância magnética funcional, o que acontecia no cérebro de sujeitos de um experimento ao observarem um de seus entes queridos sofrendo um estímulo doloroso. A atividade cerebral podia comparar-se com a que os próprios sujeitos mostravam, ao experimentar esse mesmo estímulo doloroso, porém aplicado a eles mesmos. Isto revelou que a experiência empática envolve a ativação das áreas cerebrais relacionadas com os aspectos afetivos da experiência dolorosa, mas não com as áreas que representam em detalhes os componentes sensoriais do estímulo doloroso. As áreas mais relacionadas com a experiência empática são: a porção mais rostral do córtex cingulado anterior e a porção mais anterior da ínsula. Desta forma, a experiência empática da dor alheia não inclui todas as estruturas que formam aquilo que se conhece como "a matriz da dor" (que inclui regiões como o córtex somatossensorial, o cerebelo e as áreas motoras suplementares), mas apenas uma parte dessa matriz, relacionada aos aspectos afetivos da experiência. Esses resultados foram confirmados por uma meta-análise mais recente, realizada por Lamm *et al.* (2011), que demonstrou que as áreas mais envolvidas na experiência empática são o córtex da ínsula anterior e o córtex medial do cíngulo anterior.

Em contraste com a experiência empática, a experiência da compaixão possui matizes bem diferentes. Nas palavras de Matthieu Ricard, monge com ampla experiência na prática da meditação compassiva, a mera empatia conduz a um estado de mal-estar relacionado ao fato de compartilhar a dor (o mal-estar pessoal mencionado antes), enquanto a compaixão é um estado positivo e cálido, acompanhado de forte motivação pró-social. Quando Matthieu Ricard – em um contexto experimental em que rememorava cenas de um documentário da BBC, no qual presenciou a dor emocional de crianças privadas de afeto em um orfanato romeno – procurava somente ser empático com o sofrimento, acabava experimentando uma dor intolerável, ficando emocionalmente exausto. Entretanto, quando permitia que sentimentos compassivos fluíssem, a experiência se transformava e, embora as imagens de sofrimento fossem as mesmas, os sentimentos gerados por elas se tornavam positivos, pois o que predominava agora era o amor e a necessidade de proporcionar alívio à dor. Além disso, a distância antes percebida entre as criaturas que sofriam e o observador desaparecia por completo (Klimecki, Ricard e Singer, 2013). Deve-se destacar também que, nos treinamentos em compaixão, as áreas cerebrais envolvidas eram completamente diferentes das que se ativavam durante a empatia (ver tabela 9.1). As regiões relacionadas à compaixão são: o córtex orbitofrontal medial, putâmen, globo pálido, área tegmental ventral e a substância negra (Klimecki, O. M.; Leiberg, S.; Lamm, C.; Singer, T.; 2012, 2013).

Tabela 9.1. Áreas cerebrais funcionalmente relacionadas com a empatia e com a compaixão (Lamm e cols., 2011; Klimecki, O. M.; Leiberg, S.; Lamm, C. e Singer, T.; 2012, 2013).

Empatia	Compaixão
Porção rostral do córtex cingulado	Córtex orbitofrontal medial
Ínsula anterior	Putâmen
	Globo pálido
	Área tegmental ventral
	Substância negra

Ou seja, tanto do ponto de vista da experiência subjetiva como da ativação cerebral revelada pela neuroimagem, as experiências de empatia e de compaixão são estados internos bem diferentes. A empatia conduz a experiências emocionais aversivas, facilitando o aparecimento de *burnout*, ao passo que a prática da compaixão provoca emoções positivas, sentimentos de filiação e de amor, que favorecem o fortalecimento da resiliência (Klimecki, Ricard e Singer, 2013).

O SISTEMA NEURAL QUE SUSTENTA A COMPAIXÃO

Os estudos de neuroimagem permitem detectar a atividade cerebral que tem lugar, sobretudo, nas camadas mais superficiais do cérebro, preferentemente no córtex, porém a atividade neural mais profunda não é muito acessível por essas técnicas modernas. Para conhecer a atividade desses sistemas neurais mais profundos, precisamos recorrer a outro tipo de aproximação.

No caso específico da compaixão, temos que estudar os sistemas neurais encarregados de gerar sentimentos de segurança, filiação e bondade. Um sistema com essas características está presente em todos os mamíferos, cujas crias nascem bastante imaturas e requerem muito cuidado por parte dos progenitores. Evolutivamente, isso levou à origem de estruturas neurais que garantissem a existência de tais cuidados. Por um lado, esse sistema gera fortes afetos de carinho e filiação mútua entre os progenitores e sua prole e, por outro lado, faz com que esse afeto se transforme em condutas apropriadas para a sobrevivência da nova geração. Panksepp (1998) o denominou "sistema do cuidado".

Historicamente, o conhecimento científico desse sistema não é antigo. Em meados do século XX, descobriu-se a raiz de duas linhas de pesquisa bastante diferentes, mas que evoluíram de modo convergente. As pesquisas de Harlow (1958) em primatas, por um lado, e os estudos do psicanalista John Bowlby (1969) em seres humanos, por outro, geraram o enorme caudal de conhecimento disponível hoje em dia sobre o "apego", esse vínculo afetivo que une as crianças com seus progenitores. Sabemos que quando a criança se sente ameaçada seu sistema de apego se ativa e busca instintivamente a proteção de seus cuidadores. Quando a criança encontra tal proteção de maneira consistente, se fala de um "apego seguro" e se tal proteção falha com frequência, a relação desenvolvida entre a criança e seus protetores é deficiente, dando origem ao "apego inseguro". Essas experiências infantis terão consequências duradouras para toda a vida desse ser humano e determinarão, em parte, como vai relacionar-se com seus semelhantes em geral e com entes mais próximos em particular.

Esse sistema coincide com o que Gilbert (2009) chama o "sistema de calma e filiação", que nos proporciona segurança, satisfação, paz, contentamento e alegria. É o sistema que se ativa nas relações de apego. A criança se acalma quando sua mãe a acolhe em seus braços. Sente-se protegida, segura, acompanhada, e isso lhe evoca sentimentos de segurança, carinho e satisfação.

No adulto, o sistema de calma e filiação permanece sendo a base neural de nossa capacidade de nos sentirmos seguros, tranquilos, satisfeitos e queridos. Quando estamos sob a influência desse sistema, surgem sentimentos de benevolência e de compaixão. Sentimos bondade e isso nos faz felizes. O problema costuma ser que, em nossa cultura, tão dominada pela necessidade de conquistas e o afã competitivo, não ativamos esse sistema com a suficiente intensidade e frequência. Ao contrário, é mais habitual que prevaleçam a ansiedade e o estresse. Mesmo assim, o sistema do cuidado nos leva à filiação (*filiar* vem do latim *affiliare*: incorporar como filho), ou seja, o estabelecimento de vínculos positivos com nossos semelhantes. Nos impulsiona a nos relacionar com outros seres humanos e a ser comunitários e solidários.

A atividade do sistema de calma e filiação está relacionada a dois sistemas de neurotransmissão cerebral: o sistema das endorfinas e o da oxitocina. A secreção de endorfinas nos faz sentir tranquilos e seguros. Panksepp (1998) descreveu a semelhança entre a dinâmica da dependência opiácea e as principais características dos vínculos sociais. Pode-se contemplar a vinculação social como um fenômeno de adicção, já que pelo menos uma parte dos fenômenos de apego se encontram sustentados, no nível neurofisiológico, por mecanismos de neurotransmissão opiácea. Os opiáceos endógenos nos acalmam, nos proporcionam segurança e até certo ponto nos fazem felizes. Quando nos vemos privados de contato social, começamos a ficar infelizes (os lactentes choram quando estão separados da mãe). Assim, não é de surpreender que recentemente se observou o enorme potencial antidepressivo das substâncias opioides, embora sua alta capacidade de gerar dependência seja um obstáculo ao uso clínico generalizado.

Por outro lado, o sistema de calma e filiação está relacionado à oxitocina. Sabemos que o tato suave é um estímulo que desencadeia a secreção de oxitocina, não apenas em animais, mas também em seres humanos (Matthiesen *et al.*, 2001). Na prática, podemos usar o efeito do tato tranquilizador para aumentar intencionalmente os níveis de oxitocina e estimular, assim, os sentimentos de calma e filiação*. A oxitocina, administrada por via intranasal a pais com

---

* Gestos como pôr a mão no coração ou abraçar a si mesmo aumentam os níveis de oxitocina e são utilizados para reforçar os efeitos dos exercícios que desenvolvem a autocompaixão.

filhos pequenos, melhora a qualidade da atenção que os pais dirigem a seus filhos (Naber *et al.*, 2010). Além disso, a oxitocina administrada aos pais também traz consequências; de um lado, sobre a conduta das crianças (que mostram mais exploração e reciprocidade social) e, por outro, nos níveis de oxitocina das próprias crianças, que se veem incrementados (Weisman *et al.*, 2012). Em geral, se confirma que os níveis de oxitocina dos pais (em especial das mães) estão correlacionados com os níveis e qualidade do contato afetivo que mantêm com seus filhos (Feldman *et al.*, 2010).

O sistema de cuidado e de filiação desempenha um papel importante na saúde emocional de todos os mamíferos, e não estamos excluídos. Segundo Panksepp *et al.*, (2012):

> As crianças que receberam em abundância o cuidado amoroso e terno de suas mães ganharam um grande presente. Serão beneficiadas emocional e fisicamente pelo resto de suas vidas.

Em animais, existem claras provas científicas deste fato. A influência do contato maternal com as crias foi extensamente estudada em ratos por Meaney (2001) e por Zhang e Meaney (2010), que descobriram que a quantidade de lambidas anogenitais da mãe nas crias produz benefícios para toda a vida. Assim, os filhotes que tiveram mais contato com as mães apresentaram maior resistência ao estresse (diminuição de CFR e de ACTH)*, menor ansiedade (mais áreas receptoras ao GABA)** e maior capacidade de aprendizagem (mais receptores de glutamato e norepinefrina).

O sistema do cuidado e filiação torna-se, obviamente, de grande relevância para o conteúdo deste capítulo, já que ao treinarmos o desenvolvimento da compaixão ou da autocompaixão aumentaremos

---

* CRF – Corticotropin-releasing factor (hormônio liberador de corticotrofina); ACTH – adrenocorticotropic hormone (hormônio adrenocorticotrófico)
** GABA – y-aminobutyric acid (Ácido gama-aminobutírico)

intencionalmente sua atividade, permitindo que nosso sistema nervoso, em seu conjunto, funcione de maneira mais equilibrada. É precisamente este equilíbrio que será tratado na seção seguinte, que abordará a interessante consideração de Paul Gilbert sobre o tema da compaixão.

A COMPAIXÃO COMO FERRAMENTA PARA RESTABELECER O EQUILÍBRIO EMOCIONAL

Paul Gilbert (2009b) destaca três sistemas emocionais particularmente importantes à manutenção da saúde mental:

1) o sistema de ameaça e proteção,
2) o sistema de conquista e busca de recursos e
3) o sistema de satisfação, calma e segurança.

Gilbert afirma que em nossas sociedades avançadas há um grande aumento na atividade do sistema de ameaça (a autocrítica e a vergonha fazem-nos sentir ameaçados), como também na atividade do sistema de conquista (a ambição e a busca obsessiva por bens materiais e posição social), enquanto o sistema de satisfação e calma encontra-se menos ativo do que seria conveniente. É especificamente este sistema – da calma e da satisfação – que seria capaz de compensar a atividade dos outros dois e devolver-nos o equilíbrio emocional perdido.

O sistema de ameaça e proteção evoluiu para que pudéssemos detectar e reagir com rapidez às ameaças e agressões que provêm, em geral, do mundo externo. Esse sistema encarrega-se de produzir emoções como o medo e a ansiedade, a raiva, o ciúme e a aversão (Gilbert e Choden, 2013). Embora tenha sido desenvolvido para proteger os seres vivos de perigos externos, também pode ser ativado por estímulos internos. No caso dos seres humanos (com cérebro com grande capacidade de imaginar os cenários mais diversos), o sistema pode facilmente voltar-se contra nós mesmos e produzir estados de ansiedade, medo, irritação ou raiva, mesmo quando não somos ameaçados por algum perigo do mundo externo. A autocrítica gera desilusão, raiva e frustração, porém dirigidos a nós mesmos. Ou seja, nos autoagredimos sem a necessidade de que alguém nos ataque. Para fazer frente à autocrítica, se recorre, como mencionarei em seguida, à autocompaixão. No entanto, a autocrítica também bloqueia a própria autocompaixão e facilmente acabamos encurralados em um beco de sofrimento, onde não vemos mais saída. Embora o sistema de ameaça seja muito útil, defendendo-nos dos perigos do mundo físico externo, não nos facilita, precisamente, a produzir os sentimentos de calma e segurança de que tanto precisamos para fazer frente a situações estressantes.

Por outro lado, o sistema de conquista orienta à busca dos recursos necessários à sobrevivência. Impulsiona a conseguir alimentos, a buscar locais seguros para refugiar-se, a proteger-se das adversidades climáticas e dos predadores, a buscar parceiros sexuais e, em geral, a explorar o ambiente para encontrar tudo o que é necessário para a vida. No caso dos seres humanos, é frequente que este sistema funcione sem freio, e que apesar de termos o suficiente para subsistir (inclusive com folga), continuamos tratando de conseguir mais coisas, mais posses, de modo que facilmente nos encontramos imersos em uma espiral de ambição desmedida, sempre querendo mais, nunca satisfeitos, por mais que tenhamos conquistado. Nessas condições, quando atingimos um objetivo importante, a satisfação obtida é efêmera, já que logo em seguida partimos em busca de uma nova meta e voltamos a mergulhar na corrida frenética do sempre mais. Embora necessário à sobrevivência, o sistema de conquista, semelhante ao de ameaça, não nos traz a calma e se converte, de fato, em uma fonte de estresse e de insatisfação.

Na atualidade, alguns fatores claramente culturais fazem com que ambos os sistemas – de ameaça e de conquista – estejam hiperativos em uma grande parte da população, gerando estresse e trazendo numerosas consequências nocivas à saúde, tanto física como psicológica. Basta pensarmos um pouco nas doenças cardiovasculares – um exemplo de patologia física na qual o estresse desempenha um papel central – ou nos transtornos de ansiedade e depressão, exemplos de transtornos psicológicos, também favorecidos pelo estresse.

Portanto, precisamos frear os efeitos nocivos de ambos os sistemas com meios que compensem sua hiperatividade. É exatamente esse o papel do sistema de calma e satisfação (o terceiro sistema descrito por Gilbert), cuja razão de ser foi descrita brevemente na seção anterior. A ativação desse terceiro sistema permite fazer frente ao efeito estressante dos outros dois e proporcionar – aos indivíduos que saibam ativá-lo adequadamente – a calma, a satisfação e a serenidade que consistem no melhor antídoto para o estresse no qual habitualmente estamos imersos.

O desenvolvimento da compaixão, portanto, tem sentido como uma ferramenta de autorregulação e como um método para incrementar o bem-estar e as qualidades mentais positivas. Deste ponto de vista, podemos entender por que existem atualmente tantos protocolos práticos para desenvolver a compaixão. Essas práticas são denominadas "práticas geradoras" e são tipos de exercícios que diferem levemente das práticas contemplativas tradicionais. São um complemento importante à "atenção focada" e à "meditação de campo aberto", que consistiam, até agora, nas duas principais formas de praticar mindfulness.

PROTOCOLOS PARA O TREINAMENTO DA COMPAIXÃO

O interesse em cultivar os estados emocionais positivos e, em especial, o da compaixão, tem se traduzido no surgimento de diversos protocolos de treinamento para que os praticantes possam desenvolver a capacidade compassiva em seus diferentes aspectos (afetivos, cognitivos, atencionais, motivacionais e de conduta), de modo que, após a realização do programa de formação, seus sentimentos e sua conduta compassiva sejam incrementados na vida cotidiana.

Esta seção contém uma breve descrição de quatro desses protocolos. É importante esclarecer que a aplicação de tais programas de treinamento a outros indivíduos requer, primeiramente, a participação no treinamento como aluno e, portanto, receber a formação adequada para poder ensiná-los a outras pessoas. De um modo geral, costuma haver um procedimento regulamentado (dirigido pelos criadores de cada programa) para se obter a qualificação necessária, primeiro para ser professor do programa e, mais adiante, para ser formador de formadores.

A seguir, uma descrição dos quatro programas (ver tabela 9.2).

— Treinamento em compaixão de base cognitiva (Cognitive-Based Compassion Training: CBCT)
— Treinamento no cultivo da compaixão (Compassion Cultivation Training: CCT)
— Terapia focada na compaixão (Compassion Focused Therapy: CFT)
— Mindfulness e autocompaixão (Mindful Self-Compassion: MSC)

Tabela 9.2. Programas para o desenvolvimento da compaixão

Programa	Nome original	Nome
CBCT	Cognitive-Based Compassion Training	Treinamento em compaixão de base cognitiva
CCT	Compassion Cultivation Training	Treinamento no cultivo da compaixão
CFT	Compassion Focused Therapy	Terapia focada na compaixão
MSC	Mindful Self-Compassion	Mindfulness e autocompaixão

Os dois primeiros programas são fortemente inspirados em práticas da tradição budista (em especial no *lojong* – treinamento da mente) e os dois últimos, embora também utilizem diversos exercícios de origem budista, estão mais baseados em conhecimentos da psicologia ocidental. Em seguida, exponho as características mais relevantes desses quatro protocolos de treinamento da compaixão.

Treinamento em compaixão de base cognitiva (Cognitive-Based Compassion Training – CBCT)

Este treinamento foi desenvolvido pelo lama tibetano Lobsang Tenzin Negi, como parte da colaboração entre a Universidade de Emory e a Biblioteca de Obras e Arquivos Tibetanos (Library of Tibetan Works and Archives), que gerou, por sua vez, a Iniciativa Científica Emory-Tibet, um diálogo entre ciência e espiritualidade.

O programa inclui práticas meditativas adaptadas das técnicas de *lojong* (treinamento da mente) originárias dos mestres budistas Shantideva e Atisha (séculos VIII e XI de nossa era, respectivamente). A ideia básica dessas práticas é uma profunda transformação da mente, que passaria de estar centrada em si mesma (o que implica um erro fundamental na visão da realidade) a estar centrada nos outros e a ser consciente da profunda interconexão entre todos os seres humanos.

O programa inclui desde práticas para o desenvolvimento básico da atenção e da estabilidade mental até um aprofundamento progressivo das práticas geradoras de compaixão, partindo do mais fácil ao mais difícil. Está estruturado em passos sucessivos, que se estendem ao longo de oito semanas. A tabela 9.3. apresenta um esquema do conteúdo destes passos. Por fim, para aprofundar o conhecimento desse protocolo, pode-se consultar as publicações de Pace *et al.* (2009), de Ozawa-de Silva e Dodson-Lavelle (2011) e a de Ozawa-de Silva *et al.* (2012).

Tabela 9.3. Programas para o desenvolvimento da compaixão

Programa	Nome original	Nome
CBCT	Cognitive-Based Compassion Training	Treinamento em compaixão de base cognitiva
CCT	Compassion Cultivation Training	Treinamento no cultivo da compaixão
CFT	Compassion Focused Therapy	Terapia focada na compaixão
MSC	Mindful Self-Compassion	Mindfulness e autocompaixão

Este programa está sendo aplicado não apenas em adultos, mas também em adolescentes e crianças, em especial em orfanatos (Ozawa-de Silva e Dodson-Lavelle, 2011). Mais informações sobre o programa podem ser encontradas nas seguintes páginas web: http://tibet.emory.edu e http://www.emory.edu/ECCS/

Treinamento no cultivo da compaixão (Compassion Cultivation Training – CCT)

O treinamento no cultivo da compaixão (Compassion Cultivation Training – CCT) foi criado por Thupten Jinpa e também é fruto de uma colaboração, desta vez com o Centro para Pesquisa e Educação em Compaixão e Altruísmo *(Center for Compassion and Altruism Research and Education – CCARE),* da Universidade de Stanford.

É um programa também baseado no *lojong* e implementa, assim como o anterior, um desenvolvimento progressivo da compaixão. Utiliza um enfoque multidimensional, trabalhando os diversos aspectos da compaixão (cognitivo, afetivo, intencional e motivacional). Consta de seis passos, distribuídos em sessões semanais de duas horas, ao longo de oito semanas.

O programa mostrou-se efetivo para incrementar a compaixão em suas três modalidades: compaixão pelos outros, receber compaixão e autocompaixão (Jazaieri *et al.*, 2012). Atualmente está em fase de estudo e de aplicação em diversas populações. Para mais informações sobre o método, consulte a página web: http://neuroscience.stanford.edu/research/programs/nsccare.html

Terapia focada na compaixão
(Compassion-Focused Therapy – CFT)

A terapia focada na compaixão, desenvolvida por Paul Gilbert, consiste acima de tudo em uma técnica terapêutica criada especificamente para pacientes. Nesse sentido, diferencia-se do resto dos protocolos que estou expondo, os quais não foram necessariamente desenhados para uso clínico, como neste caso.

Essa terapia baseia-se no modelo neurofisiológico dos três sistemas (ameaça, conquista e satisfação) que descrevemos na seção anterior. A estratégia de tratamento (Gilbert, 2012) consiste em, primeiro, desenvolver a capacidade interna de enfrentar as emoções negativas originadas nos sistemas de ameaça e de conquista (lembranças traumáticas, vergonha, autocrítica). Segundo, fortalecer a capacidade de experimentar emoções positivas, sobretudo a alegria e os sentimentos de filiação. E, terceiro, usar intervenções multimodais, como a respiração calmante, a prática de mindfulness, imagética e focalização sensório-motora.

A terapia pretende desenvolver o *self* compassivo do paciente, cultivando o que Gilbert (2009b) chama de atributos e habilidades da compaixão (ver tabela 9.4). Um cuidado muito especial é dedicado à relação com o terapeuta, que é a base de todo o tratamento. O cliente deve, antes de tudo, experimentar sua relação com o terapeuta como compassiva e supressora da vergonha, enquanto o terapeuta o ajuda a desenvolver os atributos e as habilidades da compaixão expostos na tabela. Diversas técnicas com exercícios de imaginação são empregadas para desenvolver o *self* compassivo, enquanto outras são utilizadas para desenvolver as habilidades compassivas. Para ter acesso ao desenvolvimento extenso da técnica, veja o livro de Paul Gilbert (2010), *Compassion Focused Therapy. Distinctive Features*.

Tabela 9.4. Atributos e habilidades da compaixão (Gilbert, 2009b)

Atributos	Habilidades
Apreciar o bem-estar	Atenção compassiva
Sensibilidade	Raciocínio compassivo
Simpatia	Conduta compassiva
Tolerância ao sofrimento	Imagética compassiva
Empatia	Sentimentos compassivos
Não julgar	Sensações compassivas

Mindfulness e autocompaixão (Mindful Self-Compassion – MSC)

Este programa, conhecido em inglês como *Mindful Self-Compassion*, foi desenvolvido por Christopher Germer e Kristin Neff (Neff e Germer, 2013). Consta de oito sessões de duas horas e meia cada (uma vez por semana, ou agrupadas em um bloco de dois ou três dias). Essas sessões podem ser complementadas com um retiro de meio dia.

A autocompaixão consiste em:

Dar a si próprio o mesmo cuidado, consolo e serenidade que de forma natural proporcionamos a nossos entes queridos quando estão sofrendo, quando fracassam ou quando se sentem inadequados.

Germer, 2011

O primeiro trabalho científico sobre autocompaixão data de 2003, quando Kristin Neff (2003) publicou "The Development and Validation of a Scale to Measure Self-Compassion" (O Desenvolvimento e a Validação de uma Escala para Medir a Autocompaixão), artigo em que explica o construto da autocompaixão e descreve o desenvolvimento da Escala de Autocompaixão, baseada em três fatores:

— *autoamabilidade* perante a *autocrítica*,
— *humanidade compartilhada* perante o *isolamento* e
— *mindfulness* perante a *sobreidentificação*.

O primeiro estudo sobre os efeitos do programa MSC (Neff e Germer, 2013) encontrou um aumento significativo da autocompaixão, da compaixão pelos demais e da satisfação vital. Além disso, constatou uma diminuição na depressão, ansiedade, estresse e resistência emocional.

Aqueles que quiserem se aprofundar no tema da autocompaixão poderão ler os livros de Germer (2009, 2011) e de Neff (2011, 2013) e consultar suas páginas web:
— http://www.mindfulselfcompassion.org/
— http://www.self-compassion.org/

Há também endereços para páginas web relacionadas ao programa MSC, tanto em inglês:
— http://www.centerformsc.org/

como em castelhano:
— http://www.mindfulnessyautocompasion.org/

CONCLUSÃO

O interesse que a compaixão desperta no mundo científico e no mundo da saúde provém, em grande parte, de que a atitude compassiva é algo extraordinariamente benéfico ao ser humano, tanto para sua saúde mental como seu bem-estar fisiológico. Não é de surpreender, portanto, que o interesse pela compaixão aumente em um mundo onde o estresse, a irritabilidade e a desconfiança mútua parecem aumentar em muitas pessoas e na forma com que se relacionam entre si.

Além de recuperar ou manter a saúde individual, as atitudes compassivas também têm importantes repercussões sociais. Precisamos ser criativos na busca de soluções para os problemas de convivência existentes no mundo atual. Não há dúvida de que o cultivo – tanto individual como coletivo – da compaixão pode ser essencial na hora de reduzir a violência e de promover uma convivência amável e pacífica.

REFLEXÃO FINAL

MINDFULNESS: O INÍCIO DE UMA NOVA SOCIEDADE?

AUSIÀS CEBOLLA, MARCELO DEMARZO
E JAVIER GARCÍA-CAMPAYO

> *Mindfulness é, ao mesmo tempo,*
> *um meio e um fim, a semente e o fruto.*
>
> Thich Nhat Hanh, 1975

Nos últimos anos, o enorme interesse que mindfulness despertou no ambiente da saúde, da educação e na sociedade gerou diversas opiniões sobre seu presente e futuro. Embora pensar sobre o futuro de mindfulness possa parecer contraditório, neste capítulo final vamos refletir sobre o tema, tentando desenvolver um olhar em perspectiva.

O surgimento e a rápida divulgação de mindfulness na saúde mental é um exemplo interessante de como a globalização das ideias e do conhecimento repercute de uma maneira relevante na saúde das pessoas. Ideias que até alguns anos não caberiam em um ambiente acadêmico são vistas agora com curiosidade e uma visão aberta. Apesar disso, o movimento é classificado por muitos profissionais como um modismo, gerando uma pergunta fundamental: "O que será de mindfulness daqui a 20 anos?"

Para muitos autores, o aparecimento de mindfulness na sociedade atual não é pura casualidade, é consequência da encruzilhada histórica e cultural em que vivemos.

O FUTURO DA PESQUISA SOBRE O USO DE MINDFULNESS. MUITO ALÉM DE UMA VISÃO CLÍNICA

O fato de que a meditação e mindfulness provenham da esfera espiritual ou religiosa, e que portanto tenham sido relacionadas a um sentido de busca espiritual ou de transcendência, fez com que durante muitos anos os cientistas as depreciassem e as taxassem de prática pseudocientífica, impedindo sua aplicação em grande escala na clínica e na promoção da saúde. Felizmente, tal visão foi mudando progressivamente, graças ao trabalho de cientistas e clínicos, que desenvolveram um importante esforço de revisão, avaliação e análise, distante dos preconceitos. Organizações como o Mind and Life Institute, cientistas como Richard Davidson, Kabat-Zinn ou John Teasdale, serviram de ponte para unir esses dois mundos, configurando o que podemos qualificar como a *idade de ouro* das ciências contemplativas.

Entretanto, os preconceitos não provêm exclusivamente de um único lado, ou seja, não é apenas o mundo acadêmico que desconfia do mundo espiritual como pseudocientífico – o mundo da espiritualidade também desconfiou do acadêmico por muito tempo, acusando-o de simplificar e de ter uma visão reducionista e utilitarista da prática de mindfulness. Durante todos esses anos de pesquisa em mindfulness sempre se deixou clara sua origem budista, como também sua visão científica e independente das doutrinas religiosas das quais procedem. Essa visão foi questionada por ambos os lados; para alguns estudiosos, desprover a prática de mindfulness de sua ética original e entendê-la como um objetivo em si mesma em vez de um meio é um erro ou uma perversão de sua mensagem autêntica. No outro extremo, existem pesquisadores que defendem uma redefinição de mindfulness, separando-a completamente do discurso budista e limitando-a a uma técnica psicológica a mais. Esse trabalho de definição é absolutamente apaixonante e um dos maiores desafios enfrentados pelos pesquisadores de mindfulness e TBMs. A aparente contradição oriente-ocidente e/ou espiritualidade-ciência só pode enriquecer e ampliar as visões de ambos os mundos e, portanto, não deveria ser vista como um ponto fraco, mas sim como um caminho de enriquecimento mútuo.

Existem diversas diretrizes de futuro necessárias na pesquisa em mindfulness. A fundamental, e que retratamos de modo amplo neste livro, é a de estudos controlados e rigorosos. Porém, outra necessidade importante é o estabelecimento de pautas de uso realistas e aplicáveis em ambientes de saúde, bem como estudos para definir melhor sua utilidade em âmbitos tão importantes como a educação (tanto escolar como universitária), a empresa ou as organizações sociais e de cooperação.

AONDE CHEGAREMOS?
MODA OU O INÍCIO DE UMA NOVA SOCIEDADE?

Muitos pensadores defendem a ideia de que a explosão de interesse em mindfulness é modismo, um movimento fugaz que não resistirá ao tempo. Apontam também para a mescla de interesses sobre o tema, inclusive financeiros, como o aparecimento de muitas TBMs que possuem direitos autorais (*McMindfulness*), o que pode deteriorar o conceito original de mindfulness em sua introdução no campo laico da saúde e da sociedade.

Outro grupo de autores interpreta o crescente interesse em mindfulness como o início de uma nova sociedade, baseada nos princípios de atenção plena e com maior capacidade para sentir o outro e o ambiente ao redor, inclusive o próprio planeta, com uma atitude de aceitação, equanimidade e amabilidade.

Nossa opinião é que provavelmente nos encaminharemos para o que os budistas chamam "caminho do meio". Por um lado, com base no aumento exponencial de estudos científicos sobre o tema, é pouco provável que mindfulness desapareça simplesmente como mais uma moda, já que consiste de fato em uma intervenção psicossocial eficaz e, portanto, vai ingressando de modo progressivo no *mainstream* da saúde, da educação e das empresas. Por outro lado, tampouco é provável que a incorporação dos princípios e práticas de mindfulness seja um consenso para toda a humanidade, nem consideramos que a prática de mindfulness possa produzir um *novo* ser humano, ainda que, sim, é esperado que os praticantes sejam seres humanos mais conscientes de sua própria condição e potencialidades, e de sua conexão com o restante da humanidade.

MINDFULNESS E A SOCIEDADE DA INFORMAÇÃO

O surgimento das novas tecnologias está revolucionando o mundo das psicoterapias. Programas de psicoterapia pelo computador, aplicativos para dispositivos móveis e outras aplicações tecnológicas já estão começando a ganhar espaço no mundo de mindfulness, melhorando o seu acesso à população e facilitando sua prática.

Além disso, o desenvolvimento tecnológico dos exames de neuroimagem está nos ajudando a conhecer melhor os mecanismos de funcionamento de mindfulness e a confirmar as profundas alterações neurológicas que sua prática produz. A confirmação da neuroplasticidade cerebral em pessoas que praticam mindfulness assiduamente é um dos achados que despertou maior interesse entre os cientistas.

INTERDISCIPLINARIDADE E MINDFULNESS

Um aspecto determinante de mindfulness cada vez mais valorizado no contexto científico contemporâneo é seu caráter interdisciplinar, já que as terapias baseadas em mindfulness nascem da confluência de conceitos e técnicas do budismo com conhecimentos contemporâneos da medicina e da psicologia.

Do ponto de vista profissional, isso implica um enorme leque de possibilidades, com diferentes disciplinas envolvidas na oferta dessas terapias e intervenções – desde médicos e psicólogos, até professores, advogados e engenheiros, dependendo do público que se pretende alcançar. Na mesma direção, a interdisciplinaridade se reflete também nos ambientes de oferta das terapias, uma vez que desde unidades de saúde até escolas primárias são possíveis alvos para as intervenções, prenunciando um enorme potencial para o uso de mindfulness no futuro.

MINDFULNESS: BUDISMO E CIÊNCIA

Um último aspecto, mas não por isso menos relevante, é a relação que nos próximos anos será mantida entre mindfulness e as tradições religiosas das quais se origina (principalmente o budismo). Mindfulness é um conceito que, ainda que englobe a meditação, é mais amplo que esta. Mindfulness existe em todas as tradições culturais e religiosas, embora tenha sido no budismo onde melhor se transmitiu.

Mindfulness e budismo devem coexistir e colaborar. O budismo pode dar um refinamento da técnica ou uma baliza ética sólida que a sustente. Mindfulness, por sua vez, pode influenciar para que a prática budista, além da tradicional transmissão mestre-discípulo, possa se organizar e estruturar de uma forma mais aceitável para a mentalidade ocidental. Por último, o estudo do funcionamento mental de meditadores de longa experiência – pessoas que só podem ser encontradas na tradição e em geral em ambientes monásticos – nos permitirá antever o efeito psicológico e neurobiológico da prática de mindfulness.

CONCLUSÃO

Em suma, mindfulness parece que pode chegar a constituir um fenômeno social promissor e de grande impacto na sociedade atual e futura. Cabe a nós, profissionais e pesquisadores envolvidos em seu desenvolvimento, facilitar o processo, enquanto avaliamos de forma objetiva sua eficácia real e seu custo-efetividade nos múltiplos campos da saúde social, educativos e laborais, nos quais se está propondo sua utilização.

BIBLIOGRAFIA

1. O que é mindfulness?

Baer, R. A., Smith, G. T., Hopkins, J., Krietemeyer, J., e Toney, L. (2006): "Using self-report assessment methods to explore facets of mindfulness", *Assessment*, 13(1), 27-45.

——, ——, Lykins, E., Button, D., Krietemeyer, J., Sauer, S., ... Williams, J. M. G. (2008): "Construct Validity of the Five Facet Mindfulness Questionnaire in Meditating and Nonmeditating Samples", *Assessment*, 15(3), 329-342.

Bishop, S. R., Lau, M., Shapiro, S., Carlson, L., Anderson, N. D., Carmody, J., ... Devins, G. (2004): "Mindfulness: A proposed operational definition", *Clinical Psychology: Science and Practice*, 11(3), 230-241.

Black, D. S. (2013): *Mindfulness Research Guide*. Recuperado em 28 de outubro de 2013 de http://www.mindfulexperience.org.

Bodhi, B. (2013): "What does mindfulness really mean?", em J. M. G. Williams e J. Kabat-Zinn (eds.), *Mindfulness: diverse perspectives on its meaning, origins and applications*, London, Routledge.

Bowen, S., Chawla, N., e Marlatt, G. A. (2011): "Prevención de recaídas en conductas adictivas basada en mindfulness: guía clínica", em S. Bowen, N. Chawla e G. A. Marlatt (eds.), *Mindfulness- based relapse prevention for addictive behaviors: a clinician's guide*, New York, Guilford Press.

Chiesa, A., e Serretti, A. (2009): "Mindfulness-based stress reduction for stress management in healthy people: a review and meta-analysis", *Journal of alternative and complementary medicine (New York, N.Y.)*, 15(5), 593-600.

Farb, N., Segal, Z. V., Mayberg, H., Bean, J., McKeon, D., Fatima, Z. e Anderson, A. (2007): "Attending to the present: mindfulness meditation reveals distinct neural modes of self-reference", *Social Cognitive and Affective Neuroscience*, 2(4), 313-322.

Hayes, S. C., Strosahl, K., e Wilson, K. G. (1999): *Acceptance and commitment therapy*, New York, NY, Guilford.

Hayes-Skelton, S., e Graham, J. (2013): "Decentering as a common link among mindfulness, cognitive reappraisal, and social anxiety", *Behavioural and cognitive psychotherapy*, 41(3), 317-328.

Kabat-Zinn, J. (2005): *Full catastrophe living: Using the wisdom of your body and mind to face stress, pain, and illness*, New York, NY, US, Delta Trade Paperback/Bantam Dell.

Killingsworth, M. A., e Gilbert, D. T. (2010): "A Wandering Mind Is an Unhappy Mind", *Science*, 330 (6006), 932-932.

Linehan, M. M. (1993): *Cognitive-behavioral treatment of borderline personality disorder*, New York, NY, Guilford.

Luciano, M. C., e Valdivia, M. S. (2006): "La Terapia de Aceptación y Compromiso (ACT). Fundamentos, características y evidencia", *Papeles del Psicólogo*, 27, 79-91.

Piet, J. e Hougaard, E. (2011): "The effect of mindfulness-based cognitive therapy for prevention of relapse in recurrent major depressive disorder: a systematic review and meta-analysis", *Clinical psychology review*, 31(6), 1032-1040.

Segal, Z. V., Williams, J. M. G. e Teasdale, J. D. (2002): *Mindfulness- Based Cognitive Therapy for depression. A new approach to preventing relapse*, New York, NY, Guilford.

Teasdale, J. D. (1999): "Metacognition, mindfulness and the modification of mood disorders", *Clinical Psychology & Psychotherapy*, 6(2), 146-155.

——, Moore, R. G., Hayhurst, H., Pope, M., Williams, S., e Segal, Z. V. (2002): "Metacognitive awareness and prevention of relapse in depression: Empirical evidence", *Journal of Consulting and Clinical Psychology*, 70, 275-287.

Williams, J. M. G. (2010): "Mindfulness and psychological process", *Emotion*, 10(1), 1-7.

——, Teasdale, J. D., Segal, Z. V. e Soulsby, J. (2000): "Mindfulness-based cognitive therapy reduces overgeneral autobiographic memory in formerly depressed patients", *Journal of Abnormal Psychology*, 109(150-155).

Williams, A.-L., Dixon, J., McCorkle, R., e Van Ness, P. H. (2011): "Determinants of meditation practice inventory: development, content validation, and initial psychometric testing", *Alternative therapies in health and medicine*, 17(5), 16-23.

Witkiewitz, K., Lustyk, M. K. B. e Bowen, S. (2013): "Retraining the addicted brain: A review of hypothesized neurobiological mechanisms of mindfulness-based relapse prevention.*, Journal of Addictive Behaviors*, 27, 351-365.
Zgierska, A., Rabago, D., Chawla, N., Kushner, K., Kohler, R., e Marlatt, A. (2009): "Mindfulness Meditation for Substance Use Disorders: A Systematic Review", *Journal of Substance Abuse*, 30.

2. Avaliação de mindfulness

Analayo (2003): *Satipatthana: the direct path to realization*, Birmingham, UK, Windhorse Publications.
Baer, R., Smith, G., Lykins, G., Button, D., Krietemeyer, J., Sauer, S. *et al.* (2008): "Construct Validity of the Five Facet Mindfulness Questionnaire in Meditating and Nonmeditating Samples", *Assessment*, 15, 329-342.
——, Walsh, E., e Lykins, E. L. (2009): "Assessment of mindfulness", em Fabrizio Didonna (ed.), *Clinical handbook of mindfulness*, NewYork, Springer, pp. 153-168.
Bergomi, C., Tschacher, W. e Kupper, Z. (2013): "Measuring mindfulness: first steps towards the development of a comprehensive mindfulness scale", *Mindfulness*, 4(1), 18-32.
Bishop, S. R., Lau, M., Shapiro, S., Carlson, L., Anderson, N. D., Carmody, J. *et al.* (2004): "Mindfulness: a proposed operational Definition", *Clinical Psychology: Science and Practice*, 11, 230-241.
Bodhi, B. (1984): *The noble eightfold path*, Kandy, Sri Lanka, Buddhist Publication Society.
Brefczynski-Lewis, J. A., Lutz, A., Schaefer, H. S., Levinson, D. B. e Davidson, R. J. (2007): "Neural correlates of attentional Expertise in longterm meditation practitioners", *Proceedings of the National Academy of Sciences*, 104(27), 11483-11488.
Brown, K. W. e Ryan, R. M. (2003): "The benefits of being present: mindfulness and its role in psychological well-being", *Journal of personality and social psychology*, 84(4), 822.
—— y —— (2004): "Perils and promise in defining and measuring mindfulness: Observations from experience", *Clinical Psychology: Science and Practice*, 11(3), 242-248.

——, ——, Loverich, T. M., Biegel, G. M., e West, A. M. (2011): "Out of the armchair and into the streets: Measuring mindfulness advances knowledge and improves interventions: Reply to Grossman" (2011), *Psychological Assessment*, vol. 23(4), dezembro de 2011, 1041-1046. doi: 10.1037/a0025781.

Buchheld, N., Grossman, P. e Walach, H. (2011): "Measuring mindfulness in insight meditation (vipassana) and meditation-based psychotherapy: The development of the Freiburg Mindfulnes Inventory (FMI)", *Journal of Meditation and Meditation Research*, 1, 11-34.

Cardaciotto, L., Herbert, J. D., Forman, E. M., Moitra, E. e Farrow, V. (2008): "The assessment of present-moment awareness and acceptance: The Philadelphia mindfulness scale", *Assessment*, 15(2), 204-223.

Carmody, J. e Baer, R. A. (2008): "Relationships between mindfulness practice and levels of mindfulness, medical and psychological symptoms and well-being in a mindfulness-based stress reduction program", *Journal of behavioral medicine*, 31(1), 23-33.

Cebolla, A., García-Palacios, A., Soler, J., Guillen, V., Baños, R., e Botella, C. (2012): "Psychometric properties of the Spanish validation of the Five Facet of Mindfulness Questionnaire (FFMQ)", *The European Journal of Psychiatry*, 26(2), 118-126.

——, Luciano, J. V., Demarzo, M. P., Navarro-Gil, M. e Campayo, J. G. (2013): "Psychometric properties of the Spanish version of the mindful attention awareness scale (MAAS) in patients with fibromyalgia", *Health and quality of life outcomes*, 11(1), 1-7.

Chadwick, P., Hember, M., Symes, J., Peters, E., Kuipers, E. e Dagnan, D. (2008): "Responding mindfully to unpleasant thoughts and images: reliability and validity of the Southampton mindfulness questionnaire (SMQ)", *British Journal of Clinical Psychology*, 47, 451-455.

Chiesa, A., Calati, R. e Serretti, A. (2011): "Does mindfulness training improve cognitive abilities? A systematic review of neuropsychological findings", *Clinical psychology review*, 31(3), 449-464.

Collins, S. E., Chawla, N., Hsu, S. H., Grow, J., Otto, J. M. e Marlatt, G. A. (2009): "Language-based measures of mindfulness: initial validity and clinical utility", *Psychology of Addictive Behaviors*, 23(4), 743.

Creswell, J. D., Way, B. M., Eisenberger, N. I. e Lieberman, M. D. (2007): "Neural correlates of dispositional mindfulness during affect labeling", *Psychosomatic Medicine*, 69, 560-565.

Davis, K. M., Lau, M. A. e Cairns, D. R. (2009): "Development and preliminary validation of a trait version of the Toronto Mindfulness Scale", *Journal of Cognitive Psychotherapy*, 23(3), 185-197.

De Bruin, E. I., Topper, M., Muskens, J. G., Bögels, S. M. e Kamphuis, J. H. (2012): "Psychometric properties of the Five Facet Mindfulness Questionnaire (FFMQ) in a meditating and a non-Meditating Sample", *Assessment*, 19(2), 187-197.

Feldman, G. C., Hayes, A. M., Kumar, S. M. e Greeson, J. M. (2004): "Development, factor structure, and initial validation of the Cognitive and Affective Mindfulness Scale", não publicado.

——, ——, ——, —— y Laurenceau, J. (2007): "Mindfulness and emotion regulation: The development and initial validation of the Cognitive and Affective Mindfulness Scale-Revised (CAMS-R)", *Journal of Psychopathology and Behavioral Assessment*, 29(3), 177-190.

Feliu-Soler, A., Pascual, J. C., Borràs, X., Portella, M. J., Martín- Blanco, A., Armario, A., Alvarez, E., Pérez, V. e Soler, J. (2013): "Effects of Dialectical Behaviour Therapy-Mindfulness Training on Emotional Reactivity in Borderline Personality Disorder: Preliminary Results", *Clin. Psychol. Psychother*, doi: 10.1002/cpp.1837.

Fresco, D. M., Moore, M. T., Van Dulmen, M. H., Segal, Z. V., Ma, S. H., Teasdale, J. D. e Williams, J. M. G. (2007): "Initial psychometric properties of the Experiences Questionnaire: Validation of a self-report measure of decentering", *Behavior Therapy*, 38(3), 234-246.

Frewen, P. A., Evans, E. M., Maraj, N., Dozois, D. J. e Partridge, K. (2008): "Letting go: Mindfulness and negative automatic thinking", *Cognitive Therapy and Research*, 32(6), 758-774.

Grossman, P., Niemann, L., Schmidt, S., e Walach, H. (2004): "Mindfulness-based stress reduction and health benefits: A meta-analysis", *Journal of psychosomatic research*, 57(1), 35-43.

Höfling, V., Moosbrugger, H., Schermelleh-Engel, K. e Heidenreich, T. (2011): "Mindfulness or mindlessness?", *European Journal of Psychological Assessment*, 27(1), 59-64.

Hölzel, B. K., Carmody, J., Vangel, M., Congleton, C., Yerramsetti, S. M., Gard, T. e Lazar, S. W. (2011): "Mindfulness practice leads to increases in regional brain gray matter density", *Psychiatry Research: Neuroimaging*, 191(1), 36-43.

Ingram, R. E. (1990): "Self-focused attention in clinical disorders: Review and a conceptual model", *Psychological Bulletin*, 107(2), 156-176.

Jimenez, S. S., Niles, B. L. e Park, C. L. (2010): "A mindfulness model of affect regulation and depressive symptoms: Positive emotions, mood regulation expectancies, and self-acceptance as regulatory mechanisms", *Personality and Individual Differences*, 49(6), 645-650.

Kabat-Zinn, J. (1994): *Whenever You Go There You Are*, New York, Hyperion.

Khoury, B., Lecomte, T., Fortin, G., Masse, M., Therien, P., Bouchard, V., Chapleau, M. A., Paquin, K. e Hofmann, S. G. (2013): "Mindfulness-Based Therapy: A Comprehensive Meta- Analysis", *Clinical Psychology Review*, 33(6), 763-771.

Lau, M., Bishop, W., Segal, Z., Buis, T., Anderson, N., Carlson, L. *et al.* (2006): "The Toronto Mindfulness Scale: development and validation", *Journal of Clinical Psychology*, 62(12), 1445-1467.

Lazar, S. W., Kerr, C. E., Wasserman, R. H., Gray, J. R., Greve, D. N., Treadway, M. T., ... e Fischl, B. (2005): "Meditation experience is associated with increased cortical thickness", *Neuroreport*, 16(17), 1893-1897.

Leigh, J., Bowen, S. e Marlatt, G. A. (2005): "Spirituality, mindfulness and substance abuse", *Addictive Behaviors*, 30(7), 1335-1341.

Lilja, J. L., Frodi-Lundgren, A., Hanse, J. J., Josefsson, T.,

Lundh, L. G., Sköld, C., ... e Broberg, A. G. (2011): "Five facet mindfulness questionnaire—reliability and factor structure: a Swedish version", *Cognitive behaviour therapy*, 40(4), 291-303.

——, Lundh, L.G., Josefsson, T. e Falkenström, F. (2012): "Observing as an essential facet of mindfulness: a comparison of FFMQ patterns in meditating and non-meditating individuals", *Mindfulness*, 1-10.

Linehan, M. M. (1993): *Cognitive-behavioral treatment of borderline personality disorder*, New York, Guilford Press.

MacKillop, J. e Anderson, E. J. (2007): "Further psychometric validation of the mindful attention awareness scale (MAAS)", *Journal of Psychopathology and Behavioral Assessment*, 29(4), 289-293.

Marcel, A. J. (2003): "Introspective report", *Journal of Consciousness Studies*, 10(9-10), 167-186.

Matousek, R. H., Pruessner, J. C. e Dobkin, P. L. (2011): "Changes in the cortisol awakening response (CAR) following participation in mindfulness-based stress reduction in women who completed treatment for breast cancer", *Complementary therapies in clinical practice*, 17(2), 65-70.

Pennington, B. (1980): *Centering prayer*, Garden City, NY, Doubleday. [*Oração centrante*. São Paulo: Palas Athena, 2002.]

Reavley, N. e Pallant, J. F. (2009): "Development of a scale to assess the meditation experience", *Personality and individualdifferences*, 47(6), 547-552.

Safran, J. D. e Segal, Z. V. (1990): *Interpersonal process in cognitive therapy*, New York, Basic Books.

Sauer, S., Walach, H., Schmidt, S., Hinterberger, T., Lynch, S., Büssing, A. e Kohls, N. (2013): "Assessment of mindfulness: a review on the state of the art., *Mindfulness*, 4(1), 3-17.

Solloway, S. G. e Fischer, W. P. (2007): "Mindfulness practice: a Rasch variable construct innovation", *Journal of Applied Measurement*, 8(4), 359-372.

Soler, J., Cebolla, A., Feliu-Soler, A., Demarzo, M., Pascual, J. C., Baños, R. e García-Campayo, J. (2014): "Relationship between meditative practice and self-reported mindfulness: the MINDSENS composite index", *Plos One*, 22 de janeiro. Doi: 10.1371/journal. pone.0086622,

——, Feliu, A., Tiana, T., Martín-Blanco, A., Tejedor, R., Trujols, J., Valdepérez, A., Pascual, J. C., Portella, M. J. e Pérez, V. (2010): "Estructura factorial de la versión española de la Philadelphia Mindfulness Scale (PHLMS)", durante o "VIII Congreso Nacional de la Personalidad". Madrid, 16-18 de junho.

——, Franquesa, A., Feliu-Soler, A., Cebolla, A., Campayo, J., Tejedor, R., Demarzo, M., Baños, R., Pascual, J. C. e Portella, M. J. (2013b): "A psychometric analysis of the Spanish version of the Experiences Questionnaire: Assessing decentering: validation, Psychometric properties and clinical usefulness of the Experiences Questionnaire in a Spanish sample", dados não publicados.

Soler, J., Soriano, J., Ferraz, L., Grasa, E., Carmona, C., Portella, M. J., ... e Pérez, V. (2013c): "Direct Experience and the Course of Eating Disorders in Patients on Partial Hospitalization: A Pilot Study", *European Eating Disorders Review*, 21(5), 399-404.

——, Valdepérez, A., Feliu-Soler, A., Pascual, J. C., Portella, M. J., Martín-Blanco, A., ... e Pérez, V. (2012): "Effects of the dialectical behavioral therapy-mindfulness module on attention in patients with borderline personality disorder", *Behaviour research and therapy*, 50(2), 150-157.

Tejedor, R., Feliu-Soler, A., Pascual, J. C., Cebolla, A., Portella, M. J., Trujols, J., Soriano, J. e Soler J. (2013): "Propiedades psicométricas de la versión española de la escala Philadelphia Mindfulness Scale (PHLMS)", dados não publicados.

Tran, U. S., Glück, T. M. e Nader, I. W. (2013): "Investigating the Five Facet Mindfulness Questionnaire (FFMQ): Construction of a Short Form and Evidence of a Two Factor Higher Order Structure of Mindfulness", *Journal of Clinical Psychology*, 69(9), 951-965.

Walach, H., Buchheld, N., Buttenüller, V., Kleinknecht, N. e Schmidt, S. (2006): "Measuring mindfulness - The Freiburg Mindfulness Inventory (FMI)", *Personality and individual differences,* 40(8), 1543-1555.

Young, S. (2004): *Break through pain*, Boulder, CO, Sounds True.

3. Por que e para que praticar mindfulness?
Mecanismos de ação e eficácia

Baer, R. A. (2003): "Mindfulness Training as a Clinical Intervention: A Conceptual and Empirical Review", *Clinical Psychology: Science and Practice,* 10(2), 125-143.

—— (2007): "Mindfulness, Assessment, and Transdiagnostic Processes", *Psychological Inquiry,* 18(4), 238-242.

——, Smith, G. T., Hopkins, J., Krietemeyer, J. e Toney, L. (2006): "Using self-report assessment methods to explore facets of mindfulness", *Assessment,* 13(1), 27-45.

Barnard, P. J. e Teasdale, J. D. (1991): "Interacting cognitive subsystems: A systemic approach to cognitive-affective interaction and change", *Cognition & Emotion,* 5(1), 1-39.

Beck, A. T., Rush, A. J., Shaw, B. F. e Emery, G. (1979): *Cognitive therapy of depression*, New York, Guilford.

Bowen, S., Chawla, N., e Marlatt, G. A. (2011): "Prevención de recaídas en conductas adictivas basada en mindfulness: guía clínica", em S. Bowen, N. Chawla e G. A. Marlatt (eds.), *Mindfulness-based relapse prevention for addictive behaviors: a clinician's guide*, New York, Guilford Press.

Chiesa, A. e Serretti, A. (2011): "Mindfulness-based interventions for chronic pain: a systematic review of the evidence", *Journal of alternative and complementary medicine* (New York, N.Y.), 17(1), 83-93.

Cho, S., Heiby, E. M., McCracken, L. M., Lee, S.-M. e Moon, D.-E. (2010): "Pain-Related Anxiety as a Mediator of the Effects of Mindfulness on Physical and Psychosocial Functioning in Chronic Pain Patients in Korea", *The Journal of Pain,* 11(8), 789-797.

Fjorback, L. O., Arendt, M., Ornb.l, E., Fink, P. e Walach, H. (2011): "Mindfulness-based stress reduction and mindfulness-based cognitive therapy: a systematic review of randomized controlled trials", *Acta psychiatric scandinavica*, 124(2), 102-119.

Garland, E. L., Gaylord, S. A. e Fredrickson, B. L. (2011): "Positive Reappraisal Mediates the Stress-Reductive Effects of Mindfulness: An Upward Spiral Process", *Mindfulness*, 2(1), 59-67.

Gross, J. (1998): "The emerging field of emotion regulation: An integrative Review", *Review of General Psychology*, 2(3), 271-299.

Hofman, S. G., Grossman, P. e Hinton, D. E. (2011): "Loving-kindness and compassion meditation: Potential for psychological interventions", *Clinical Psychology Review*, 31, 1126-1132.

——, Sawyer, A. T., Witt, A. A. e Oh, D. (2010): "The effect of mindfulness-based therapy on anxiety and depression: A meta-analytic review., *Journal of consulting and clinical psychology*, 78(2), 169-183.

Hoge, E. A., Bui, E., Marques, L., Metcalf, C. A., Morris, L. K., Robinaugh, D. J., ... Simon, N. M. (2013): "Randomized Controlled Trial of Mindfulness Meditation for Generalized Anxiety Disorder: Effects on Anxiety and Stress Reactivity", *The Journal of Clinical Psychiatry*, 74(08), 786-792.

Hölzel, B. K., Lazar, S. W., Gard, T., Schuman-Olivier, Z., Vago, D. R. e Ott, U. (2011): "How does mindfulness meditation work? Proposing mechanisms of action from a conceptual and neurological perspective", *Perspectives on Psychological Science*, 6, 537-559.

González-García, M., Ferrer, M. J., Borras, X., Muñoz-Moreno, J. A., Miranda, C., Puig, J., ... Fumaz, C. R. (2013): "Effectiveness of Mindfulness-Based Cognitive Therapy on the Quality of Life, Emotional Status, and CD4 Cell Count of Patients Aging with HIV Infection., *AIDS Behav*.

Jensen, C. G., Vangkilde, S., Frokjaer, V. e Hasselbalch, S. G. (2012): "Mindfulness training affects attention--or is it attentional effort?", *Journal of experimental psychology. General*, 141(1), 106-123.

Kabat-Zinn, J. (1982): "An outpatient program in behavioral medicine for chronic pain patients based on the practice of mindfulness meditation: Theoretical considerations and preliminary results", *General Hospital Psychiatry*, 4(1), 33-47.

Lakhan, S. E. e Schofield, K. L. (2013): "Mindfulness-Based Therapies in the Treatment of Somatization Disorders: A Systematic Review and Meta-Analysis", *PLoS ONE*, 8(8), e71834.

Mehling, W. E., Hamel, K. A., Acree, M., Byl, N. e Hecht, F. M. (2005): "Randomized, controlled trial of breath therapy for patients with chronic low-back pain", *Alternative therapies in health and medicine,* 11(4), 44-52.

Michalak, J., Burg, J. e Heidenreich, T. (2012): "Don't Forget Your Body: Mindfulness, Embodiment, and the Treatment of Depression" *Mindfulness,* 3(3), 190-199.

Mirams, L., Poliakoff, E., Brown, R. J. e Lloyd, D. M. (2013): "Brief body-scan meditation practice improves somatosensory perceptual decision making", *Consciousness and Cognition,* 22(1), 348-359.

Naranjo, J. R. e Schmidt, S. (2012): "Is it me or not me? Modulation of perceptual-motor awareness and visuomotor performance by mindfulness meditation", BMC Neuroscience, 13(1), 88.

Penberthy, J. K. P. (2013): "Mindfulness Based Interventions for Addictions: What is Next?", *Journal of Addiction Research & Therapy,* 03(05).

——, Konig, A., Gioia, C. J., Rodr.guez, V. M., Starr, J. A., Meese, W., ...Natanya, E. (2013): "Mindfulness-Based Relapse Prevention: History, Mechanisms of Action, and Effects", *Mindfulness,* 1-8.

Perich, T., Manicavasagar, V., Mitchell, P. B., Ball, J. R. e Hadzi- Pavlovic, D. (2013): "A randomized controlled trial of mindfulness- based cognitive therapy for bipolar disorder", *Acta psychiatrica scandinavica,* 127(5), 333-343.

Piet, J. e Hougaard, E. (2011): "The effect of mindfulness-based cognitive therapy for prevention of relapse in recurrent major depressive disorder: a systematic review and meta-analysis", *Clinical psychology review,* 31(6), 1032-1040.

Raes, F., Dewulf, D., Van Heeringen, C. e Williams, J. M. G. (2009): "Mindfulness and reduced cognitive reactivity to sad mood: Evidence from a correlational study and a non-randomized waiting list controlled study", *Behaviour Research and Therapy,* 47(7), 623-627.

Sauer-Zavala, S. E., Walsh, E. C., Eisenlohr-Moul, T. A. e Lykins, E. L. B. (n.d.): "Comparing Mindfulness-Based Intervention Strategies: Differential Effects of Sitting Meditation, Body Scan, and Mindful Yoga", *Mindfulness,* 1-6.

Shapiro, S. L., Carlson, L. E., Astin, J. A. e Freeman, B. (2006): "Mechanisms of mindfulness", *Journal of Clinical Psychology,* 62, 373-386.

Smalley, S. L., Loo, S. K., Hale, T. S., Shrestha, A., McGough, J., Flook, L. e Reise, S. (2009): "Mindfulness and Attention Deficit Hyperactivity Disorder", *Journal of clinical psychology*, 65(10), 1087-1098.

Soler, J., Valdepérez, A., Feliu-Soler, A., Pascual, J. C., Portella, M. J., Martí-Blanco, A., ...Pérez, V. (2012): "Effects of the dialectical behavioral therapy-mindfulness module on attention in patients with borderline personality disorder", *Behaviour research and therapy*, 50(2), 150-157.

Teasdale, J. D. (1999): "Metacognition, mindfulness and the modification of mood disorders", *Clinical Psychology & Psychotherapy*, 6(2), 146-155.

Van Ravesteijn, H., Lucassen, P., Bor, H., van Weel, C. e Speckens, A. (2013): "Mindfulness-based cognitive therapy for patients with medically unexplained symptoms: a randomized controlled trial", *Psychotherapy and psychosomatics*, 82(5).

Williams, M. J., Crane, C., Barnhofer, T., Brennan, K., Duggan, D. S., Fennell, M., Hackmann, A., Krusche, A., ... Russell, I. (2013): "Mindfulness-Based Cognitive Therapy for Preventing Relapse in Recurrent Depression: A Randomized Dismantling Trial", *Journal of Consulting and Clinical Psychology*, 2 de dezembro.

Witkiewitz, K. e Bowen, S. (2010): "Depression, craving, and substance use following a randomized trial of mindfulness-based relapse prevention", *Journal of consulting and clinical psychology*, 78(3).

Young, S. N. (2011): "Biologic effects of mindfulness meditation:
growing insights into neurobiologic aspects of the prevention of depression", *Journal of Psychiatry & Neuroscience*, JPN, 36(2), 75-77.

4. Mindfulness e neuroimagem. O cérebro das pessoas que praticam

Banks, S. J., Eddy, K. T., Angstadt, M., Nathan, P. J. e Phan, K. L. (2007): "Amygdala-frontal connectivity during emotion regulation", *Social Cognitive and Affective Neuroscience*, 2(4), 303-312. Doi:10.1093/scan/nsm029

Bluhm, R., Williamson, P., Lanius, R., Théberge, J., Densmore, M., Bartha, R., ... e Osuch, E. (2009): "Resting state default-mode network connectivity in early depression using a seed region-of-interest analysis: Decreased connectivity with caudate nucleus", *Psychiatry and clinical neurosciences*, 63(6), 754-761.

Brefczynski-Lewis, J. A., Lutz, A., Schaefer, H. S., Levinson, D. B. e Davidson, R. J. (2007): "Neural correlates of attentional expertise in long-term meditation practitioners", *Proceedings of the National Academy of Sciences of the United States of America*, 104(27), 11483-11488. Doi:10.1073/pnas.0606552104

Brewer, J. A., Worhunsky, P. D., Gray, J. R., Tang, Y. Y., Weber, J. e Kober, H. (2011): "Meditation experience is associated with differences in default mode network activity and connectivity", *Proceedings of the National Academy of Sciences*, 108(50), 20254- 20259.

Buckner, R. L., Andrews-Hanna, J. R. e Schacter, D. L. (2008): "The brain's default network", *Annals of the New York Academy of Sciences*, 1124(1), 1-38.

Chiesa, A., Calati, R. e Serretti, A. (2011): "Does mindfulness training improve cognitive abilities? A systematic review of neuropsychological findings", *Clinical Psychology Review*, 31(3), 449-464.

Cifre, I., Sitges, C., Fraiman, D., Muñoz, M. Á., Balenzuela, P., González-Roldán, A., et al. (2012): "Disrupted Functional Connectivity of the Pain Network in Fibromyalgia", *Psychosomatic medicine*, 74(1), 55-62. Doi:10.1097/PSY.0b013e3182408f04.

Creswell, J. D., Way, B. M., Eisenberger, N. I. e Lieberman, M. D. (2007): "Neural correlates of dispositional mindfulness during affect labeling", *Psychosomatic medicine*, 69(6), 560-565. Doi: 10.1097/PSY.0b013e3180f6171f

Critchley, H. D., Wiens, S., Rotshtein, P., Ohman, A. e Dolan, R. J. (2004): "Neural systems supporting interoceptive awareness", *Nature Neuroscience*, 7(2), 189-195. Doi:10.1038/ nn1176.

Dickenson, J., Berkman, E. T., Arch, J. e Lieberman, M. D. (2013): "Neural correlates of focused attention during a brief mindfulness induction", *Social Cognitive and Affective Neuroscience*, 8(1), 40-47. Doi:10.1093/scan/nss030.

Farb, N. A. S., Anderson, A. K., Mayberg, H., Bean, J., McKeon, D. e Segal, Z. V. (2010): "Minding one's emotions: mindfulness training alters the neural expression of sadness", *Emotion*, 10(1), 25-33. Doi:10.1037/a0017151

——, Segal, Z. V., Mayberg, H., Bean, J., McKeon, D., Fatima, Z. e Anderson, A. K. (2007): "Attending to the present: mindfulness meditation reveals distinct neural modes of self-reference", *Social Cognitive and Affective Neuroscience*, 2(4), 313-322. Doi:10.1093/ scan/nsm030.

Gard, T., H.lzel, B. K., Sack, A. T., Hempel, H., Lazar, S. W., Vaitl, D. e Ott, U. (2012): "Pain attenuation through mindfulness is associated with decreased cognitive control and increased sensory processing in the brain", Cerebral Cortex, 22(11), 2692- 2702. Doi:10.1093/cercor/bhr352.

Goldin, P. R. e Gross, J. J. (2010): "Effects of mindfulness-based stress reduction (MBSR) on emotion regulation in social anxiety disorder", Emotion, 10(1), 83-91. Doi:10.1037/a0018441.

Gracely, R. H., Petzke, F., Wolf, J. M. e Clauw, D. J. (2002): "Functional magnetic resonance imaging evidence of augmented pain processing in fibromyalgia", Arthritis & Rheumatism, 46(5), 1333-1343. Doi:10.1002/art.10225

Grant, J. A., Courtemanche, J., Duerden, E. G., Duncan, G. H. e Rainville, P. (2010): "Cortical thickness and pain sensitivity in zen meditators", Emotion, 10(1), 43-53. Doi:10.1037/a0018334.

——, —— y Rainville, P. (2011): "A non-elaborative mental stance and decoupling of executive and pain-related cortices predicts low pain sensitivity in Zen meditators", PAIN®, 152(1), 150-156. Doi:10.1016/j.pain.2010.10.006.

Greicius, M. D., Srivastava, G., Reiss, A. L. e Menon, V. (2004): "Default-mode network activity distinguishes Alzheimer's disease from healthy aging: evidence from functional MRI", Proceedings of the National Academy of Sciences of the United States of America, 101(13), 4637-4642.

Hölzel, B. K., Lazar, S. W., Gard, T., Schuman-Olivier, Z., Vago, D. R. e Ott, U. (2011): "How Does Mindfulness Meditation Work? Proposing Mechanisms of Action From a Conceptual and Neural Perspective", Perspectives on Psychological Science, 6(6), 537-559. Doi:10.1177/1745691611419671.

——, Ott, U., Gard, T., Hempel, H., Weygandt, M., Morgen, K. e Vaitl, D. (2008): "Investigation of mindfulness meditation practitioners with voxel-based morphometry", Social Cognitive and Affective Neuroscience, 3(1), 55-61. Doi:10.1093/scan/nsm038.

Hölzel, B. K., Ott, U., Hempel, H., Hackl, A., Wolf, K., Stark, R. e Vaitl, D. (2007): "Differential engagement of anterior cingulate and adjacent medial frontal cortex in adept meditators and non-meditators", Neuroscience letters, 421(1), 16-21. Doi: 10.1016/j. neulet.2007.04.074

Ives-Deliperi, V. L., Howells, F., Stein, D. J., Meintjes, E. M. e Horn, N. (2013): "The effects of mindfulness-based cognitive therapy in patients with bipolar disorder: A controlled functional MRI investigation", *Journal of Affective Disorders*. Doi: 10.1016/j. jad.2013.05.074.

Jang, J.H., Jung, W. H., Kang, D. H., Byun, M. S., Kwon, S. J., Choi, C. H. e Kwon, J. S. (2011): "Increased default mode network connectivity associated with meditation", *Neuroscience Letters*, 487, 358-362.

Jha, A. P., Krompinger, J. e Baime, M. J. (2007): "Mindfulness training modifies subsystems of attention", *Cognitive, Affective, Behavioral Neuroscience*, 7(2), 109-119.

Khoury, B., Lecomte, T., Fortin, G., Masse, M., Therien, P., Bouchard, V., ... e Hofmann, S. G. (2013): "Mindfulness-Based Therapy: A Comprehensive Meta-Analysis", *Clinical Psychology Review*.

Lazar, S. W., Bush, G., Gollub, R. L., Fricchione, G. L., Khalsa, G. e Benson, H. (2000): "Functional brain mapping of the relaxation response and meditation", *NeuroReport*, 11(7), 1581-1585.

——, Kerr, C. E., Wasserman, R. H., Gray, J. R., Greve, D. N., Treadway, M. T., ... e Fischl, B. (2005): "Meditation experience is associated with increased cortical thickness", *Neuroreport*, 16(17), 1893.

Liu, P., Zhang, Y., Zhou, G., Yuan, K., Qin, W., Zhuo, L., *et al.* (2009): "Partial correlation investigation on the default mode network involved in acupuncture: an fMRI study", *Neuroscience letters*, 462(3), 183-187. Doi: 10.1016/j.neulet.2009.07.015.

Martínez-Jauand, M., González-Roldan, A. M., Muñoz, M. A., Sitges, C., Cifre, I. e Montoya, P. (2012): "Somatosensory activity modulation during observation of other's pain and touch", *Brain Research*, 1467(C), 48-55. Doi: 10.1016/j.brainres.2012.05.055.

Milad, M. R., Wright, C. I., Orr, S. P., Pitman, R. K., Quirk, G. J. e Rauch, S. L. (2007): "Recall of Fear Extinction in Humans Activates the Ventromedial Prefrontal Cortex and Hippocampus in Concert", *Biological psychiatry*, 62(5), 446-454. Doi: 10.1016/j. biopsych.2006.10.011.

Modinos, G., Ormel, J. e Alem.n, A. (2010): "Individual differences in dispositional mindfulness and brain activity involved in reappraisal of emotion", *Social Cognitive and Affective Neuroscience*, 5(4), 369-377. Doi: 10.1093/scan/nsq006

Paul, N. A., Stanton, S. J., Greeson, J. M., Smoski, M. J. e Wang, L. (2013): "Psychological and neural mechanisms of trait mindfulness in reducing depression vulnerability", *Social Cognitive and Affective Neuroscience*, 8(1), 56-64. Doi: 10.1093/scan/nss070.

Phelps, E. A. e LeDoux, J. E. (2005): "Contributions of the Amygdala to Emotion Processing: From Animal Models to Human Behavior", *Neuron*, 48(2), 175-187. Doi: 10.1016/j.neuron.2005.09.025.

Price, D. D. (2000): "Psychological and neural mechanisms of the affective dimension of pain", *Science* (New York, NY), 288(5472), 1769-1772.

Romero, C., Ghisi, J. P., Mazzucco, J. e Ternak, A. (2007): "Imágenes con tensor de difusión en resonancia magnética", *Revista argentina de neurocirugía*, 21(1), 0-0.

Soler, J., Valdepérez, A., Feliu-Soler, A., Pascual, J. C., Portella, M. J., Martín-Blanco, A., ... e Pérez, V. (2012): "Effects of the dialectical behavioral therapy-mindfulness module on attention in patients with borderline personality disorder", *Behaviour research and therapy*, 50(2), 150-157.

Sporns, O., Tononi, G. e Edelman, G. M. (2000): "Connectivity and complexity: the relationship between neuroanatomy and brain dynamics", *Neural networks: the official journal of the International Neural Network Society*, 13(8-9), 909-922.

Tang, Y.-Y., Lu, Q., Geng, X., Stein, E. A., Yang, Y. e Posner, M. I. (2010): "Short-term meditation induces white matter changes in the anterior cingulate", *Proceedings of the National Academy of Sciences*, 107(35), 15649-15652. Doi: 10.1073/pnas.1011043107.

——, Ma, Y., Fan, Y., Feng, H., Wang, J., Feng, S., et al. (2009): "Central and autonomic nervous system interaction is altered by short-term meditation", *Proceedings of the National Academy of Sciences*, 106(22), 8865-8870. Doi: 10.1073/pnas.0904031106.

Taylor, V. A., Daneault, V., Grant, J., Scavone, G., Breton, E., Roffe-Vidal, S., et al. (2013): "Impact of meditation training on the default mode network during a restful state", *Social Cognitive and Affective Neuroscience*, 8(1), 4-14. Doi: 10.1093/scan/nsr087.

Van de Weijer-Bergsma, E., Formsma, A. R., de Bruin, E. I. e Bögels, S. M. (2012): "The effectiveness of mindfulness training on behavioral problems and attentional functioning in adolescents with ADHD", *Journal of child and family studies*, 21(5), 775-787.

Zeidan, F., Martucci, K. T., Kraft, R. A., McHaffie, J. G. e Coghill, R. C. (2013): "Neural correlates of mindfulness meditation- related anxiety relief", *Social Cognitive and Affective Neuroscience*. Doi: 10.1093/scan/nst041.

5. Mindfulness pode ser utilizado no sistema de saúde?

Boutron, I. (2008): "Extending the CONSORT Statement to Randomized Trials of Nonpharmacologic Treatment: Explanation and Elaboration", *Annals of Internal Medicine*, 148(4), 295.

Bower, P. e Gilbody, S. (2005): "Stepped care in psychological therapies: access, effectiveness and efficiency. Narrative literature review", *The British Journal of Psychiatry: the journal of mental science*, 186(1), 11-7.

Collins, L. M., Murphy, S. A., Nair, V. N. e Strecher, V. J. (2005): "A strategy for optimizing and evaluating behavioral interventions", *Annals of behavioral medicine: a publication of the Society of Behavioral Medicine*, 30(1), 65-73.

Coyle, D. e Doherty, G. (2010): "Stepped care and mental health Technologies", no *ECCE 2010 workshop on Cognitive Engineering for Technology in Mental Health Care and Rehabilitation*, pp. 99-102.

Craig, P., Dieppe, P., Macintyre, S., Michie, S., Nazareth, I. e Petticrew, M. (2008): "Developing and evaluating complex interventions: the new Medical Research Council guidance", *BMJ (Clinical research ed.)*, 337(29 de setembro), a1655.

Crane, R. S. e Kuyken, W. (2012): "The Implementation of Mindfulness-Based Cognitive Therapy: Learning From the UK Health Service Experience", *Mindfulness*, 4(3), 246-254.

——, ——, Williams, J. M. G., Hastings, R. P., Cooper, L. e Fennell, M. J. V. (2012): "Competence in teaching mindfulness-based courses: Concepts, development and assessment", *Mindfulness*, 3(1), 76-84.

Cullen, M. (2011): "Mindfulness-based interventions: An emerging phenomenon", *Mindfulness*, 2(3), 186-193.

Datta, J. e Petticrew, M. (2013): "Challenges to evaluating complex interventions: a content analysis of published papers", *BMC public health*, 13(1), 568.

De Maeseneer, J., Roberts, R. G., Demarzo, M., Heath, I., Sewankambo, N., Kidd, M. R., ... Willems, S. (2012): "Tackling NCDs: a different approach is needed", *Lancet*, 379(9829), 1860-1.

Demarzo, M. M. P. (2011): "Meditação aplicada à saúde", *Programa de Atualização em Medicina de Família e Comunidade*, 6(1), 1-18.

García-Campayo, J. (2008): "La práctica del "estar atento" (mindfulness) en medicina. Impacto en pacientes y profesionales", *Atención primaria*, 40(7), 363-366.

Glasgow, R. E., Vogt, T. M. e Boles, S. M. (1999): "Evaluating the public health impact of health promotion interventions: the RE-AIM framework", *American journal of public health,* 89(9), 1322-7.

Glück, T. M. e Maercker, A. (2011): "A randomized controlled pilot study of a brief web-based mindfulness training", *BMC psychiatry,* 11, 175.

Hesser, H., Gustafsson, T., Lundén, C., Henrikson, O., Fattahi, K., Johnsson, E., ... Andersson, G. (2012): "A randomized controlled trial of internet-delivered cognitive behavior therapy and acceptance and commitment therapy in the treatment of tinnitus", *Journal of Consulting and Clinical Psychology,* 80(4), 649-661.

Huppert, F. A. e So, T. T. C. (2013): "Flourishing Across Europe: Application of a New Conceptual Framework for Defining Well- Being", *Social indicators research,* 110(3), 837-861.

Josefsson, T., Lindwall, M. e Archer, T. (2013): "Physical exercise intervention in depressive disorders: Meta-analysis and systematic review", *Scandinavian journal of medicine & science in sports.*

Kuyken, W., Byford, S., Taylor, R. S., Watkins, E., Holden, E., White, K., ... Teasdale, J. D. (2008): "Mindfulness-based cognitive therapy to prevent relapse in recurrent depression", *Journal of Consulting and Clinical Psychology,* 76(6), 966-978.

——, Crane, R. e Dalgleish, T. (2012): "Does mindfulness based cognitive therapy prevent relapse of depression?", *BMJ (Clinical research ed.),* 345 (9 de novembro), e7194.

Levesque, J.-F., Harris, M. F. e Russell, G. (2013): "Patient-centred access to health care: conceptualising access at the interface of health systems and populations", *International journal for equity in health,* 12, 18.

Ljótsson, B., Falk, L., Vesterlund, A. W., Hedman, E., Lindfors, P., Ruck, C., ... Andersson, G. (2010): "Internet-delivered exposure and mindfulness based therapy for irritable bowel syndrome. A randomized controlled trial", *Behaviour Research and Therapy,* 48(6), 531-539.

——, Hedman, E., Lindfors, P., Hursti, T., Lindefors, N., Andersson, G. e Rück, C. (2011): "Long-term follow-up of internet-delivered exposure and mindfulness based treatment for irritable bowel syndrome", *Behaviour research and therapy,* 49(1), 58-61.

McCabe Ruff, K. e Mackenzie, E. R. (2009): "The role of mindfulness in healthcare reform: a policy paper", *Explore* (New York, N.Y.), 5(6), 313-323.

Patten, S. B. e Meadows, G. M. (2009): "Population-based service planning for implementation of MBCT: Linking epidemiologic data to practice", *Psychiatric Services*, 60(11), 1540-1542.

Plaza, I., Piva Demarzo, M., Herrera-Mercadal, P. e García- Campayo, J. (2013): "Mindfulness-based mobile applications: Literature review and analysis of current features", *JMIR Journal of Medical Internet Research*, novembro.

Richards, D. A. (2012): "Stepped care: a method to deliver increased access to psychological therapies", *Canadian Journal of Psychiatry. Revue canadienne de psychiatrie,* 57(4), 210-5.

Roth, B. y Stanley, S. W. (2002): "Mindfulness-based stress reduction and healthcare utilization in the inner city: preliminary findings", *Altern Ther Health Med*, 8(1), 60-62, 64-66.

Roux, L., Pratt, M., Tengs, T. O., Yore, M. M., Yanagawa, T. L., Van Den Bos, J., ... Buchner, D. M. (2008): "Cost-effectiveness of community-based physical activity interventions", *American Journal of Preventive Medicine*, 35(6), 578-88.

Swales, M. A., Taylor, B. e Hibbs, R. A. B. (2012): "Implementing Dialectical Behaviour Therapy: programme survival in routine healthcare Settings", *Journal of mental health* (Abingdon, England), 21(6), 548-55.

Van Ravesteijn, H., Grutters, J., olde Hartman, T., Lucassen, P., Bor, H., Van Weel, C., ... Speckens, A. (2013): "Mindfulness- based cognitive therapy for patients with medically unexplained symptoms: a cost-effectiveness study., *Journal of psychosomatic research,* 74(3), 197-205.

——, Lucassen, P., Bor, H., van Weel, C. e Speckens, A. (2013): "Mindfulness-based cognitive therapy for patients with medically unexplained symptoms: a randomized controlled trial", *Psychotherapy and psychosomatics*, 82(5), 299-310.

Zernicke, K. A., Campbell, T. S., Speca, M., McCabe-Ruff, K., Flowers, S., Dirkse, D. A. e Carlson, L. E. (2013): "The eCALM Trial-eTherapy for cancer appLying mindfulness: online mindfulness-based cancer recovery program for underserved individuals living with cancer in Alberta: protocol development for a randomized wait-list controlled clinical trial", *BMC complementary and alternative medicine*, 13, 34.

6. Mindfulness e educação. Aprendendo a viver com atenção plena

Albrecht, N. J., Albrecht, P. M. e Cohen, M. (2012): "Mindfully teaching in the classroom: a literature review", *Australian journal of teacher education*, 37 (12), 1-14.

Biegel, G. M., Brown, K. W., Shapiro, S. L. e Schubert, C. (2009): "Mindfulness-based stress reduction for the treatment of adolescent psychiatric outpatients: a randomized clinical trial", *Journal of clinical and consulting psychology*, 77, 855-866.

Broderick, P. C. e Metz, S. (2009): "Learning to breathe: a pilot trial of a mindfulness curriculum for adolescents", *Advances in school mental health promotion*, 2, 35-46.

Cebolla, A. e Mir., M. T. (2008): "Efectos de la terapia cognitiva basada en la atención plena: una aproximación cualitativa", *Apuntes de psicología*, 26 (2), 257-268.

Davidson, R. J. e Begley, S. (2012): *The emotional life of your brain*, London, Hodder & Stoughton.

De la Fuente, J., Franco, C. e Manãs, I. (2010): "Efectos de un programa de entrenamiento en conciencia plena (mindfulness) en el estado emocional de estudiantes universitarios", *Estudios sobre educación*, 19, 31-52.

——, ——, e Salvador, M. (2010): "Efectos de un programa de meditación (mindfulness) en la medida de la alexitimia y las habilidades sociales", *Psicothema*, 22(3), 369-375.

Flook, L., Smalley, S. L., Kitil, M. J., Galla, B. M., Kaiser-Greenland, S., Locke, J., Ishijima, E. e Kasari, C. (2010): "Effects of mindful awareness practices on executive functions in elementary school children", *Journal of applied school psychology*, 26(1), 70-95.

Franco, C. (2009a): "Efectos de un programa de meditación sobre los niveles de creatividad verbal de un grupo de alumnos/as de bachillerato", *Suma psicológica*, 16(2), 113-120.

—— (2009b): "Reducción de la percepción del estrés en estudiantes de magisterio mediante la práctica de la meditación fluir", *Apuntes de psicología*, 27(1), 99-109.

—— (2009c): *Meditación fluir para serenar el cuerpo y la mente*, Madrid, Bubok.

—— (2010): "Intervención sobre los niveles de burnout y resiliencia en docentes de educación secundaria a través de un programa de conciencia plena (mindfulness)", *Revista complutense de educación*, 21(2), 271-288.

——, De la Fuente, M. e Salvador, M. (2011): "Impacto de un programa de entrenamiento en conciencia plena (mindfulness) en las medidas del crecimiento y la autorrealización personal", *Psicothema*, 23(1), 58-65.
——, Mañas, I., Cangas, A. e Gallego, J. (2010): "The applications of mindfulness with students of secondary school: results on the academic performance, self-concept and anxiety", em M. D. Lytras, P. Ordonez, A. Ziderman, A. Roulstone, H. Maurer, e J. B. Imber (eds.), *Knowledge management, information systems, e-learning, and sustainability research* (83-97), Berlin/Heidelberg, Springer.
——, —— e Justo, E. (2009): "Reducing stress, anxiety and depression in a group of special education teachers using a mindfulness program", *Inclusive education journal*, 2 (3), 11-22.
——, ——, Cangas, A. J., Moreno, E. e Gallego, J. (2010): "Reducing teachers' psychological distress through a mindfulness training program", *The Spanish Journal of Psychology*, 13(2), 655-666.
——, Soriano, E. e Justo, E. (2010): "Incidencia de un programa psicoeducativo de mindfulness (conciencia plena) sobre el autoconcepto y el rendimiento académico de estudiantes inmigrantes sudamericanos residentes en España", *Revista iberoamericana de educación*, 53(6), 1-13.
Huppert, F. A. e Johnson, D. A. (2010): "A controlled trial of mindfulness training in schools: the importance of practice for an impact on well-being", *Journal of positive psychology*, 5, 264-274.
Jacobs, T. L., Epel, E. S., Lin, J., Blackburn, E .H., Wolkowitz, O. W., ... Saron, C. D. (2011): "Intensive meditation training, immune cell telomerase activity, and psychological mediators., *Psychoneuroendocrinology*, 36 (5), 664-681.
Kabat-Zinn, J. (2003): *Vivir con plenitud las crisis. Cómo utilizar la sabiduría del cuerpo y de la mente para afrontar el estrés, el dolor y la enfermedad*, Barcelona, Kairós.
Kabat-Zinn, J. (2007): *La práctica de la atención plena*, Barcelona, Kairós.
Lantieri, L. e Malkmus, C. D. (2011): *Building inner resilience in teachers and their students: results of the inner resilience pilot program*, New York, Metis Associates Evaluation.
Lavilla, M., Molina, D. e López, B. (2008): *Mindfulness. O cómo practicar el aquí y el ahora*, Barcelona, Paidós.

León, B. (2008): "Atención plena y rendimiento académico en estudiantes de enseñanza secundaria", *European journal of education and psychology*, 1(3), 17-26.

Liehr, P. e Diaz, N. (2010): "A pilot study examining the effect of mindfulness on depression and anxiety for minority children", *Archives of psychiatric nursing*, 69-71.

López González, L. (2007): *Relajación en el aula. Recursos para la educación emocional*, Barcelona, Wolters Kluwer Educación.

—— (2009): "El programa "treva" de relajación en la escuela", *Revista perspectiva escolar*, 336, 60-66.

—— (2010): *Disseny i desenvolupament d'un programa de relaxació vivencial aplicada a l'aula*, Tesis doctoral, Universitat de Barcelona, Departament de mètodes d'investigació i diagòstic en educació.

Mañas, I., Franco, C. e Justo, E. (2011): "Reducción de los niveles de estrés docente y de los días de baja laboral por enfermedad en profesores de educación secundaria obligatoria a través de un programa de entrenamiento en mindfulness", *Clínica y salud*, 22(2), 121-137.

Meiklejohn, J., Phillips, C., Freedman M. L., Griffin, M. L., Biegel, G., Roach, ... Saltzman, A. (2012): "Integrating mindfulness training into k-12 education: fostering the resilience of teachers and students", *Mindfulness*.

Morris, I. (2009): *Teaching happiness and well-being in schools*, London, Continuum.

Peterson, C. e Seligman, M. E. P. (2004): *Character strengths and virtues: a handbook and classification*, Washington, Oxford University Press.

Saltzman, A. e Goldin, P. (2008): "Mindfulness-based stress reduction for school-age children", em S. C. Hayes e L. A. Greco (eds.), *Acceptance and mindfulness interventions for children, adolescents and families* (139-161), Oakland, Context Press/New Harbinger.

Santamaría, M., Cebolla, A., Rodríguez, P. e Miró, M. T. (2006): "La práctica de la meditación y la atención plena: técnicas milenarias para padres del Siglo XXI", *Revista de psicoterapia*, 17(66/67), 157-176.

Schonert-Reichl, K. A. e Lawlor, M. S. (2010): "The effects of a mindfulness-based education program on pre- and early adolescents' wellbeing and social and emotional competence", *Mindfulness*, 1, 137-151.

Seligman, M., Ernst, R.M, Gillham, J., Reivich, K. e Linkins, M. (2009): "Positive education: positive psychology and classrooms intervention", *Oxford review of education*, 35 (3), 293-311.

Shapiro, S. L., Schwartz, G. e Santerre, C. (2009): "Meditation and positive psychology", em C. R. Snyder e S. J. López (eds.), *Oxford handbook of positive psychology* (632-645), New York, Oxford University Press.

Simón, V. (2007): "Mindfulness y Neurobiología", *Revista de psicoterapia*, 17 (66/67), 5-30.

Snyder, C. R., Lopez, S. J. e Pedrotti, J. T. (2011): *Positive psychology. The scientific and practical explorations of human strengths*, California, Sage Thousand Oaks.

Vallejo, M. A. (2006): "Mindfulness", *Papeles del psicólogo*, 27(2), 92-99.

7. O que muda nos profissionais que praticam mindfulness?

Barbosa, P., Raymond, G., Zlotnic, C., Wilk, J., Toomey, R. III, e Michel, J. III (2013): "Mindfulness-Based Stress Reduction Training is associated with greater empathy and reduced anxiety for graduate health care students", *Educ Health*, 26, 9-14.

Beach, M. C., Roter, D., Korthuis, P. T., Epstein, M. R., Sharp, V., Ratana-wongsa, N., *et al.* (2013): "A multicenter study of physician mindfulness and health care quality", *Ann Fam Med*,
11(5), 421-428.

Beckman, H. B., Wendland, M., Mooney, C., Krasner, M. S., Quill, T. E., Suchman, A. L. e Epstein, R. M. (2012): "The impact of a program in mindful communication on primary care physicians", *Acad Med*, 87 (6), 1-5.

Campbell, M., Fitzpatrick, R., Haines, A., et al. (2000): "Framework for design and evaluation of complex interventions to improve health", *BMJ*, 321(7262), 694-696.

Demarzo, M. M. P., Andreoni, S., Sanches, N. A. M., Perez, S. E. A., Fortes, S. e García-Campayo, J. (2013): "Mindfulness-based stress reduction (MBSR) in perceived stress and quality of life: an open, uncontrolled study in a Brazilian healthy sample", *Explore* (New York, N.Y.), (20 de dezembro.

Dobkin, P. L. e Hutchinson, T. A. (2013): "Teaching mindfulness in medical school: where are we now and where are we going?", *Med Educ*, 47, 768-779.

Epstein, R. M. (1999): "Mindful practice", JAMA, 282, 833-839.

—— (2001): "Just being", *West J Med*, 174, 63-65.

Fortney, L., Luchterhand, C., Zakletskaia, L., Zgierska e A., Rakel, D. (2013): "Abbreviated mindfulness intervention for job satisfaction, quality of life, and compassion in primary care clinicians: a pilot study", *Ann FamMed*, 11(5), 412-420.

Galantino, M. L., Baime, M., Maguire, M., et al. (2005): "Association of psychological and physiological measures of stress in health-care professionals during an 8-week mindfulness meditation program: mindfulness in practice", *Stress Health*, 21(4), 255-261.

García-Campayo, J. (2008): "La práctica del "estar atento" (mindfulness) en medicina. Impacto en pacientes y profesionales", *Aten Primaria*, 40, 365-8.

——, Aseguinolaza, L. e Lasa Labaca, G. (1995): "Empatía: la quintaesencia del arte de la medicina", *Medicina Clínica* (Barcelona), 105, 27-30.

——, ——, Tazón, P. (1998): "El desarrollo de las actitudes humanistas en medicina", *Medicina Clínica* (Barcelona), 111, 23-6.

Gil-Monte, P. R. (2005): El síndrome de quemarse por el trabajo (burnout). Una enfermedad laboral en la sociedad del *bienestar*, Madrid, Pirámide.

Grepmair, L., Mitterlehner, F., Loew, T. e Nickel, M. (2007): "Promotion of mindfulness in psychotherapist in training: Preliminary study", *European Psychiatry*, 22, 485-489.

Grossman, P., Niemann, L., Schmidt, S. e Walach, H. (2004): "Mindfulness-based stress reduction and health benefits: A meta-analysis", *J Psychosom Res*, 57, 35-43.

Irving, J., Park, J., Fitzpatrick, M., Dobkin, P. L., Chen, A. e Hutchinson, T. (2012): "Experiences of health care professionals enrolled in mindfulness-based medical practice: a grounded theory model", *Mindfulness*.

Kabat-Zinn, J. (1990): *Full Catastrophe Living: using the Wisdom of your Body and Mind to Face Stress, Pain, and Illness*, 1a. ed., New York, NY, Delacorte Press.

Klatt, M. D., Buckworth, J. e Malarkey, W. B. (2009): "Effects of Low-Dose Mindfulness-Based Stress Reduction (MBSR-ld) on Working Adults", *Health EducBehav*, 36(3), 601-614.

Krasner, M. S., Epstein, R. M., Beckman, H., et al. (2009): "Association of an educational program in mindful communication with burnout, empathy, and attitudes among primary care physicians", JAMA, 302, 1284-1293.

MacCoon, D. G., Imel, Z. E., Rosenkranz, M. A., et al. (2012): "The validation of an active control intervention for Mindfulness- Based Stress Reduction (MBSR)", *Behav Res Ther*, 50(1), 3-12.
Martín-Asuero, A., Rodriguez Blanco, T., Pujol-Ribera, E., Berenguera, A. e Moix-Queralt., A. (2013): "Evaluación de la efectividad de un programa de mindfulness en profesionales de atención primaria", *Gaceta Sanitaria*, vol. 27, 6, 521-528.
Musick, D.W. (2006): "A conceptual model for program evaluation in graduate medical education", *Acad. Med.*, 81(8), 759-765.
Niles, B. L., Vujanovic, A. A., Silberbogen, A. K., Seligowski, A. V. e Potter, C. M. (2012): "Changes in mindfulness following a mindfulness telehealth intervention", *Mindfulness*, 1-10.
Plaza, I., Demarzo, M. M., Herrera-Mercadal, P. e García-Campayo, J. (2013): "Mindfulness-based mobile applications: Literature review and analysis of current features", *JMIR. Journal of Medical Internet Research*, vol. 15(11), 21.
Rossi, A., Cetrano, G., Pertile, R., Rabbi, L., Donisi, V., Grigoletti, L., Curtolo, C., Tansella M., Thornicroft, G. e Amaddeo, F. (2012): "Burnout, compassion fatigue, and compassion satisfaction among staff in community-based mental health services", *Psychiatry Res.*, 200(2-3), 933-938.
Shapiro, S. L., Astin, J. A., Bishop, S. R., et al. (2005): "Mindfulness-based stress reduction for health care professionals: results from a randomized trial", *Int J Stress Manag*, 12(2), 164-176.

8. Mindfulness e psicologia positiva.
Uma união para potenciar o bem-estar

Armstrong, K. (2011): *Doce pasos hacia una vida compasiva*, Paidós, Barcelona. [*Doze passos para uma vida de compaixão*. São Paulo: Paralela, 2012.]
Barnard L. K. e Curry, J. F. (2011): "Self-Compassion: Conceptualizations, Correlates, & Interventions", *Review of General Psychology*, 15 (4), 289-303.
Bowlby, J. (1969): *Attachment*, NewYork, Basic Books.
Cicerón, M. T. (2005): *Disputaciones tusculanas*, Madrid, Editorial Gredos.
Dalai Lama (1997): *El poder de la compasión*, Barcelona, Martínez Roca.
—— (2001): *An Open Heart: Practicing compassion in everyday life*, Boston, Little Brown. [*Um coração aberto: Praticando a compaixão na vida cotidiana*. São Paulo: Martins Fontes, 2003.]

—— e Cutler, H. (2009): *Preface to the 10th anniversary edition by His Holiness the Dalai Lama, The art of happiness: A handbook for living (10th Anniversary Edition)*, New York, Riverhead Books. [*A arte da felicidade: Um manual para a vida*. São Paulo: Martins Fontes, 2008.]

Darwin, C. (2008): *El origen del hombre*, Barcelona, Austral. [*A origem do homem e a seleção sexual*. Lisboa: Relógio d'Água, 2009.]

Eisenberg, N., Guthrie, I. K., Murphy B. C., Shepard, S. A., Cumberland, A. y Carlo, G. (1999): "Consistency and Development of Prosocial Dispositions: A Longitudinal Study", *Child Development*, 70 (6), 1360-1372.

Feldman, R., Gordon, I., Schneiderman, I., Weisman, O. e Zagoory-Sharon, O. (2010): "Natural variations in maternal and paternal care are associated with systematic changes in oxytocin following parent-infant contact", Psychoneuroendocrinology, 35(8), 1133-41.

Feldman, C. e Kuyken, W. (2011): "Compassion in the landscape of suffering", *Contemporary Buddhism*, 12 (1), 143-155. Doi: 10.1080/14639947.2011.564831

Germer, C. K. (2009): *The mindful Path to Self-Compassion*, New York, The Guilford Press.

—— (2011): *El poder del mindfulness*, Barcelona, Paidós.

Geshe Tashi Tsering (2005): *The Four Noble Truths: The Foundations of Buddhist Thought*, vol. 1, Boston, Wisdom Publications.

Gilbert, P. (2009a): *The Compassionate Mind: A new Approach to Mind Challenges*, London, Constable-Robinson.

—— (2009b): Introducing compassion-focused therapy., Advances in psychiatric treatment, 15, 199-208.

—— (2010): *Compassion Focused Therapy. Distinctive Features*, London, New York, Routledge.

—— (2012): "Compassion-focused Therapy", em W. Dryden (ed.), *Cognitive Behaviour Therapies*, London, Sage Publications.

Gilbert, P. e Choden (2013): *Mindful Compassion*, London, Robinson.

Goetz, J. L., Keltner, D. e Simon-Thomas, E. (2010): "Compassion: An Evolutionary Analysis and Empirical Review", *Psychol Bull,* 136(3), 351-374.

Hangartner, D. (2011): "Cultivating compassion from a Buddhist Perspective", *In How to Train Compassion Conference*, Berlin, Max-Planck Institute.

Harry Harlow, H. (1958): "The Nature of Love", *American Psychologist*, 13, 573-685.

Hatfield, E., Cacioppo, J. T. e Rapson, R. L. (1993): "Emotional Contagion", *Current Directions in Psychological Science*, 2, 96-99.

Jazaieri, H., Jinpa, G. T., McGonigal, K., Rosenberg, E. L., Finkelstein, J., Simon-Thomas, E., Cullen, M., Doty, J. R., Gross, J. J. e Goldin, P. R. (2013): "Enhancing Compassion: A Randomized Controlled Trial of a Compassion Cultivation Training Program", *J Happiness Stud.*, 14, 113-1126.

Klimecki, O. M., Leiberg, S., Lamm, C. e Singer, T. (2012): "Functional neural plasticity and associated changes in positive affect after compassion training", *Cerebral Cortex*.

——, ——, ——, —— (2013): "Differential Pattern of functional brain plasticity after compassion and empathy training", *Social Cognitive and Affective Neuroscience*.

——, Ricard, M. e Singer, T. (2013): "Empathy *versus* Compassion", em *Compassion. Bridging Practice and Science*. Recuperado de http://www.compassion-training.org/?lang=en.

Kupfesrschmidt, K. (2013): "Concentrating on Kindness", *Science*, 341(6152), 1336-1339.

Lamm, C., Decety, J. e Singer, T (2011): "Meta-analytic evidence for common and distinct neural networks associated with directly experienced pain and empathy for pain", *Neuroimage*, 54(3), 2492-2502.

Matthiesen, A. S., Ransj.-Arvidson, A. B., Nissen, E. e Uvnäs- Moberg, K. (2001): "Postpartum maternal oxytocin release by newborns: effects of infant hand massage and sucking", *Birth*, 28(1), 13-9.

Meaney, M. J. (2001): "Maternal care, gene expression, and the transmission of individual differences in stress reactivity across generations", *Annual Review of Neuroscience*, 24, 1161-1192.

Meeks, T. W., Cahn, B. R. e Jeste, D. V. (2011): "Neurobiological Foundations of Wisdom., em C. K. Germer e R. D. Siegel (eds.), *Wisdom and Compassion in Psychotherapy*, New York, The Guilford Press.

Naber, F., Van IJzendoorn, M. H., Deschamps, P., Van Engeland, H. e Bakermans-Kranenburg, M. J. (2010): "Intranasal oxytocin increases fathers' observed responsiveness during play with their children: A double-blind within-subject experiment", *Psychoneuroendocrinology*, 35, 1583-1586.

Neff, K. D. (2011): *Self-Compassion*, London, Hodder & Stoughton.

—— (2012): *Sé amable contigo mismo*, Barcelona, Oniro.

—— (2003): "The Development and Validation of a Scale to Measure Self-Compassion., *Self and Identity*, 2, 223-250.

—— e Germer, C. K. (2013): "A Pilot Study and Randomized Controlled Trial of the Mindful Self-Compassion Program", *Journal of Clinical Psychology*, 69 (1), 28-44.

Ozawa-de Silva, B. R. e Dodson-Lavelle, B. (2011): "An Education of Heart and Mind: Practical and Theoretical Issues in Teaching Cognitive Based Compassion Training to Children", *Practical Matters*, 4, 1-28.

——, ——, Raison, C. L. e Negi L. T. (2012): "Compassion and Ethics: Scientific and Practical Approaches to the Cultivation of Compassion as a Foundation for Ethical Subjectivity and Well-Being", *Journal of Healthcare, Science and the Humanities*, II, 1, 145-161.

Pace, T. W. W., Negi L. T., Adame, D. D., Cole, S. P., Sivilli, T. I., Brown, T. D., Issa, M. J. e Raison, C. L. (2009): "Effect of compassion meditation on neuroendocrine, innate immune and behavioral responses to psychosocial stress", *Psychoneuroendocrinology*, 34, 87-98.

Panksepp, J. (1998): *Affective neuroscience: The foundations of human

and animal emotions*, New York, Oxford University Press.

—— e Biven, L. (2012): *The Archaelogy of Mind*, New York, Norton & Company.

Singer, T., Seymour, B., O'Doherty J., Kaube, H., Dolan, R. J. e Frith, C. D. (2004): "Empathy for Pain Involves the Affective but not Sensory Components of Pain", *Science*, 303 (5661), 1157-1162.

—— e Lamm, C. (2009): "The Social Neuroscience of Empathy", *Ann. N.Y. Acad. Sci.*, 1156, 81-96.

Trivers, R. L. (1971): "The evolution of reciprocal altruism", *Quaterly Review of Biology*, 46 (1), 35-57.

Weisman, O., Zagoory-Sharon O. e Feldman, R. (2012): "Oxytocin Administration to Parent Enhances Infant Physiological and Behavioral Readiness for Social Engagement", *Biol Psychiatry*, 72 (12), 982-989.

Zhang, T. Y. e Meaney, M. J. (2010): "Epigenetics and the environmental regulation of the genome and its function", *Annual Review of Psychology*, 61, 439-466.

9. O reencontro científico com a compaixão

Akhtar, M. (2012): *Positive Psychology for Overcoming Depression: Self-Help Strategies for Happiness, Inner Strength and Well-Being*, London, Watkins.

Albers, S. (2011): "Using mindful eating to treat food restriction: A case Study", *Eating Disorders*, 19(1), 97-107.

Baer, R. A. e Lykins, E. L. M. (2011): "Mindfulness and positive psychological functioning", em K. M. Sheldon, T. B. Kashdan e M. F. Steger (eds.), *Designing positive psychology: Taking stock and moving forward* (335-348), New York, NY, Oxford University Press.

——, Smith, G., Hopkins, J., Krietemeyer, J. e Toney, L. (2006): "Using self-report assessment methods to explore facets of mindfulness", *Assessment*, 13, pp. 27-45.

Beck, D. E. e Cowan, C. C. (1996): *Spiral dynamics: Mastering values, leadership, and change; exploring the new science of memetics*, Malden, Mass, Blackwell Publishing.

Bishop, S. R., Lau, M., Shapiro, S. L., Carlson, L. e Anderson, N. D. (2004): "Mindfulness: A proposed operational definition", *Clinical Psychology: Science and Practice*, 11, 230-241.

Black, D. S. (2013): *Mindfulness Research Guide*. Recuperado em 28 de outubro de 2013, de http://www.mindfulexperience.org.

Boniwell, I. e Zimbardo, P. G. (2004): "Balancing time perspective in pursuit of optimal functioning", em P. A. Linley e S. Joseph (eds.), *Positive psychology in practice* (165-179), New Jersey, John Wiley & Sons.

Bryant, F. B. (2003): "Savoring beliefs inventory (SBI): A scale for measuring beliefs about savoring", *Journal of Mental Health*, 12, 175-196.

—— e Veroff, J. (2007): *Savoring: A new model of positive experience*, Mahwah, NJ, Lawrence Erlbaum Associates Publishers.

Carr, A. (2004): *Positive Psychology. The Science of Happiness and Human Strengths*, London, Brunner-Routledge.

Crane, R. e Elias D. (2006): "Being With What Is - Mindfulness practice for counsellors and psychotherapists", *Therapy Today*, 17(10), 31.

Crane, C., Winder, R., Hargus, E., Amarasinghe, M. e Barnhofer, T. (2012): "Effects of mindfulness-based cognitive therapy on specificity of life goals", *Cognitive Therapy and Research*, 36,182-189.

Csikszentmihalyi, M. (1990): *Flow: The Psychology of Optimal Experience*, New York, Harper & Row.

Dobkin, P. L. e Zhao, Q. (2011): "Increased mindfulness--the active component of the Mindfulness-Based Stress Reduction program?", *Complementary Therapies in Clinical Practice,* 17(1), 22-27.

Easterlin, B. e Cardena, E. (1998): "Cognitive and emotional differences between short and long term vipassana meditators", *Imagination, Cognition, & Personality,* 18(1), 69-81.

Fowler, R. D., Seligman, M. E. P. e Koocher, G. P. (1999): "The APA 1998 Annual Report", *American Psychologist,* 537-568.

Fredrickson, Barbara (2009): *Positivity,* NewYork: Crown.

——, Cohn, M. e Coffey, K. A. (2008): "Open Hearts Build Lives: Positive Emotions, Induced Through Loving-Kindness Meditation, Build Consequential Personal Resources", *Journal of Personality and Social Psychology,* 95, 1045-1062.

Garland, E. L., Gaylord, S. A., e Fredrickson, B. L. (2011): "Positive reappraisal coping mediates the stress-reductive effect of mindfulness: An upward spiral process", Mindfulness, 2(1), 59-67.

Geschwind, N., Peeters, F., Drukker, M.,Van Os, J. e Wichers, M. (2011): "Mindfulness training increases momentary positive emotions and reward experience in adults vulnerable to depression: a randomized controlled trial", *J. Consult Clin Psychol.,* 79, 618-28.

Grenville-Cleave, B. (2012): *Introducing Positive Psychology: A Practical Guide,* London, Icon Books.

Haidt, J. (2006): *The happiness hypothesis: Finding modern truth in ancient wisdom,* New York, Basic Books.

Harzer, C. e Ruch, W. (2012): "When the job is a calling: The role of applying one's signature strengths at work", *The Journal of Positive Psychology,* 7, 362-371.

Hefferon, K. e Boniwell, I. (2011): *Positive Psychology: Theory, Research and Applications,* New York, McGraw Hill.

Hefner, K. e Felver-Gant, J. (2005): "Being mindful: Facilitating enhanced personal integrity and interpersonal honesty", *Journal of Undergraduate Research,* 3 (2), 26-29.

Hepworth, N. (2011): "A mindful eating group as an adjunct to individual treatment for eating disorders: A pilot study", *Eating Disorders,* 19(1), 6-16.

Hofman, S. G., Grossman, P. e Hinton, D. E. (2011): "Loving-kindness and compassion meditation: potential for psychological interventions", *Clinical Psychology Review,* 31, 1126-1132.

Hölzel, B. e Ott, U. (2006): "Relationships between meditation depth, absorption, meditation practice, and mindfulness. A latent variables approach", *Journal of Transpersonal Psychology*, 38 (2), 179-199.

Huppert, F. e So, T. (2009): *What percentage of people in Europe are flourishing and what characterizes them?*, Cambridge, UK, The Wellbeing Institute, Cambridge University.

Huxley, A. (1944): The Perennial Philosophy, UK, Chatto & Windus. [*A filosofia perene*. São Paulo: Globo, 2014.]

Johnson, D. P., Penn, D. L., Fredrickson, B. L., Meyer, P. S., Kring, A. M. e Brantley, M. (2009): "Loving-kindness meditation to enhance recovery from negative symptoms of schizophrenia", *Journal of Clinical Psychology*, 65(5), 499–509.

Kashdan, T. B., Afram, A., Brown, K. W., Birnbeck, M. e Drvoshanov, M. (2011): "Curiosity enhances the role of mindfulness in reducing defensive responses to existential threat", *Personality and Individual Differences*, 50, 1227-1232.

Keyes, C. L. M. (2005): "Mental illness and/or mental health? Investigating axioms of the complete state model of health", *Journal of Consulting and Clinical Psychology*, 73:539-548.

Kong, Feng, Wang, Xu e Zhao, Jingjing (2014): "Dispositional mindfulness and life satisfaction: The role of core self-evaluations", *Personality and Individual Differences*, vol. 56, janeiro, 165-169.

Kraus, S. e Sears, S. (2009): "Measuring the immeasurables: Development and initial validation of the self-other four immeasurables (SOFI) scale based on buddhist teachings on loving-kindness, compassion, joy, and equanimity", *Social Indicators Research*, 92(1), 169-181.

Kreitzer, M. J., Gross, C. R., On-anong, W., Reilly-Spong, M. e Byrd, M. (2009): "The brief serenity scale: A psychometric analysis of a measure of spirituality and well-being", *Journal of Holistic Nursing*, 27(1), 7-16.

Kuyken, W., Watkins, E., Holden, E., White, K., Taylor, R. S., Byford, S. e Dalgleish, T. (2010): "How does mindfulness-based cognitive therapy work?", *Behaviour Research and Therapy*, 48, 1105-1112.

Lau, M. A., Bishop, S. R., Segal, Z. V., Buis, T., Anderson, N. D., Carlson, L., et al. (2006): "The Toronto Mindfulness Scale: Development and validation", *Journal of Clinical Psychology*, 62, 1445-1467.

Lutz, A., Greischar, L. L., Rawlings, N. B., Ricard, M. e Davidson, R. J. (2004): "Long-term meditators self-induce high-amplitude gamma synchrony during mental practice", *Proceedings of the National Academy of Sciences USA*, 101(46), 16369-16373.

—, Slagter, H. A., Dunne, J. D. e Davidson, R. J. (2008): "Attention regulation and monitoring in meditation", *Trends in Cognitive Sciences*, 12, 163-169.

Lyubomirsky, S. (2008): *The how of happiness: A scientific approach to getting the life you want*, New York, Penguin Press.

Malinowski, P. (2013): "Flourishing through meditation and mindfulness", em S. David, I. Boniwell e A. Conley Ayers (eds.), *Oxford Handbook of Happiness* (pp. 384-396), Oxford, Oxford University Press.

Masicampo, E. J. e Baumeister, R. F. (2007): "Relating mindfulness and self-regulatory processes", *Psychological Inquiry*, 18(4), 255-258.

Neff, K. D. (2003): "Development and validation of a scale to measure self-compassion", Self and *Identity*, 2, 223-250.

Niemiec, R. M. (2014): *Mindfulness and character strengths: A practical guide to flourishing*, Cambridge, MA, Hogrefe.

—, Rashid, T. e Spinella, M. (2012): "Strong mindfulness: Integrating mindfulness and character strengths", *Journal of Mental Health Counseling*, 34(3), 240-253.

Orzech, K. M., Shapiro, S. L., Brown, K. W. e Mckay, M. (2009): "Intensive mindfulness training-related changes in cognitive and emotional experience", *J. Posit. Psychol.*, 4, 212-222.

Paniker, S. (1987): Ensayos *retroprogresivos*, Barcelona, Kairós.

Peterson, C. (2006): A Primer in Positive *Psychology*, Oxford, Oxford University Press.

—— e Seligman, M. E. P. (2004): *Character strengths and virtues: A handbook and classification*, New York, Oxford University Press/ Washington, DC, American Psychological Association.

Reibel, D. K., Greeson, J. M., Brainard, G. C. e Rosenzweig, S. (2001): "Mindfulness-based stress reduction and health-related quality of life in a heterogeneous patient population", *Gen Hosp Psychiatry*, 23, 183-92.

Rodríguez, F., Alvear, D. e Arrebola, A. (2011): "Construcción de la realidad o surgimiento condicionado? De la psicoterapia científica a la atención responsible", *Enrahonar. Quaderns de Filosofía*, 47, 63-91.

Rosenberg, L. (2004): *Breath by Breath: The Liberating Practice of Insight Meditation*, California, Shambhala Publications.

Ryan, T. (2012): *A Mindful Nation*, New York, Hayhouse.

Sears, S. R. e Kraus, S. (2009): "I think therefore I Om: Cognitive distortions and coping style as mediators for the effects of mindfulness meditation on anxiety, positive and negative affect, and hope", Journal of Clinical Psychology, 65(6), 561-573.

Seligman, M. E. P. (2002): *Authentic happiness: Using the new positive psychology to realize your potential for lasting fulfilment*, New York, Free Press.

——, (2011): Flourish: *A Visionary New Understanding of Happiness and Well-being*, New York, Free Press.

———, Rashid, T. y Parks, A. C. (2006): "Positive psychotherapy", *American Psychologist*, 61, 774-788.

—— Steen, T., Park, N. e Peterson, C. (2005): "Positive Psychology progress: Empirical validation of interventions", *American Psychologist*, 60 (5), 410-421.

Shunryu Suzuki (1970): *Zen Mind, Beginner's Mind*, Nueva York, Weatherhill. [*Mente zen, mente de principiante*. São Paulo: Palas Athena, 2010.]

Sheldon, K. M., Fredrickson, B., Rathunde, K., Csikszentmihalyi, M. e Haidt, J. (2000): "Positive psychology manifesto", Manifesto apresentado no Congresso Akumal 1 e revisado durante o Encontro Akumal 2, México.

Simón, V. (2012): "Formación en mindfulness para psicoterapeutas", em M. Miró e V. Simón. (eds.), *Mindfulness en la práctica clínica*, Bilbao, DDB.

Sitzman, K. L. (2002): "Interbeing and mindfulness. A bridge to understanding Jean Watson's theory of human caring", *Journal Information*, 123(3), 1118.

Steen, T. A., Kachorek, L. V. e Peterson, C. (2003): "Character strengths among youth", Journal of Youth &*Adolescence*, 32(1), 5-16.

Thich Nhat Hanh (1992*): Peace Is Every Step: The Path of Mindfulness in Everyday Life*, NewYork, Bantam Books. [*Paz a cada passo*. Rio de Janeiro: Rocco, 1996.]

Vowinckel, J. (2012): Balanced Time Perspectives and *Mindfulness*, Tese, Universidade de Twente.

Wallace, B. Alan (2006): *The attention revolution: Unlocking the power of the focused mind*, Boston, Wisdom Publications. [*A revolução da atenção: Revelando o poder da mente focada*. São Paulo: Vozes, 2008.]

Williams, J. M. G. e Penman, D. (2011): *Mindfulness: A Practical Guide to Finding Peace in a Frantic World*, UK, Piatkus.

Zimbardo, P. G. e Boyd, J. N. (1999): "Putting time in perspective: A valid, reliable individual-differences metric", *Journal of Personality and Social Psychology*, 77(6), 1271-1288.

—— e Boyd, J. N. (2008): *The Time Paradox*, New York, Free Press, Simon & Schuster.

ÍNDICE REMISSIVO

aceitação, 19, 20, 33-35, 39, 40, 46-48, 52, 61, 62, 64, 68, 95, 119, 133, 155, 169, 195

adicção, 61, 63, 85, 180

altruísmo, 62, 167, 187

amídala, 65, 77, 83, 84

ansiedade, 28, 33, 40, 46, 47, 54, 59-61, 63, 78, 83, 85, 86, 101, 106, 110, 116-118, 132, 136, 138, 153, 155, 180, 181-184, 190

apego seguro/inseguro, 179

aplicativos para dispositivos móveis (apps), 92, 97, 105, 106, 141, 196

áreas somatossensoriais, 78, 79, 81, 176

atenção, 13, 18, 20, 21, 23-27, 30, 33, 38-40, 43, 46, 48, 53-55, 58, 63, 65-68, 70, 74-77, 79, 82-84, 87, 116, 119, 122, 126, 142, 144, 148, 151, 155, 160, 170, 181, 184, 186, 189

atenção plena, 13, 19, 24, 26, 27, 32, 35, 57, 105, 111-115, 118, 120-127, 150-152, 159, 195

atenção primária, 91, 93, 102, 103, 131

autocompaixão, 49, 63, 139, 154, 155, 170, 180, 181, 183, 185, 187, 189, 190

bem-estar psicológico, 58, 62

bifatorialidade, 39 (ver também estrutura bifatorial)

body scan, 26, 70, 71, 121

bondade amorosa, 121, 153, 168, 169, 172, 173 (ver também *loving-kindness*)

budismo, 23, 24, 42, 197

budismo theravada, 152, 153

budismo tibetano, 168

burnout, 100, 101, 117, 118, 130-132, 135-137, 145, 178

Cognitive and Affective Mindfulness Scale (CAMS), 44, 48, 51, 52

collaborative care, 107

compaixão / *compassion*, 121, 165, 185-190

Comprehensive Inventory of Mindfulness Experiences, 50

conectividade, 75, 81-84, 87

consciência corporal, 26, 27, 65, 66, 70, 144

contágio emocional, 166, 167

córtex cingulado anterior (CCA), 65, 74-79, 82, 87, 176

córtex pré-frontal (CPF), 65, 74, 75, 77, 79, 81-87
custo-efetividade, 60, 94, 100, 102, 105, 106, 108, 198
Dalai Lama, 164, 168, 169
Default Mode Network (DMN), 84, 85, 77, (ver também Rede Neural em Modo Padrão)
dependência, (química, 34, 180 – ver também adicções); (dos recém-nascidos, 174)
depressão, 33, 59, 60, 63, 66-68, 71, 81, 85, 86, 89, 90, 101, 102, 106, 110, 118, 132, 136, 153, 184, 190
desapego, 65
Developmental Mindfulness Survey, 50
dharma, 163
dor, 24, 33, 59, 61-63, 78, 79, 82, 83, 101, 154, 169, 170, 176, 177
educação da interioridade, 119
educação positiva, 112, 120
Effects of Meditation Scale, 50
eficácia, 28, 30, 33, 35, 36, 57-71, 89, 97, 116, 120, 131-135, 140, 144, 145, 198
empatia, 14, 62, 129-132, 135, 137, 165-173, 177, 178, 189
estilo de vida, 13, 105, 107, 113, 125, 150
estresse, 13, 14, 32, 49, 54, 59-61, 69, 86, 101, 105, 111, 112, 116-118, 124-126, 130-135, 139-141, 146, 152, 180-184, 190
estrutura bifatorial, 38-40, 46
eu experiencial, 80-81
eu narrativo, 80-81
Experiences Questionnaire (EQ), 48
extinção, 24, 63, 65, 83-84

facetas, 23, 39, 40, 44, 45, 49, 64, 132
fadiga compassiva, 130, 136
felicidade, 31, 62, 111, 112, 120, 125, 148, 164
Five Facets Mindfulness Questionnaire (FFMQ), 39-54
forças pessoais, 120, 124, 147, 148, 156, 157
Freiburg Mindfulness Inventory (FMI), 41, 42, 44, 47, 50-53
Functional Magnetic Resonance Imaging (fMRI), 74, 75, 79, 80, 82, 86, 176 (ver ressonância magnética funcional)
Germer, Christopher, 169, 189, 190
Gilbert, Paul, 31, 163, 168-171, 179, 182, 184, 188, 189
implementação, 89-97, 100-104, 106, 108-110, 145
infoxicação, 111, 112
insight, 52, 64, 68
Instituto Nacional para a Excelência Clínica da Grã-Bretanha (NICE), 33, 35, 67, 89
ínsula (INS), 65, 74, 78-87, 176-178
interocepção, 80
intervenção complexa, 94
Kabat-Zinn, Jon, 20, 32, 42, 48, 59, 98, 113, 116, 132, 133, 139, 194
Inventory of Mindfulness Scale (KIMS), 42, 44, 46, 51, 52, 54
Langer Mindfulness/Mindlessness Scale, 50
loving-kindness, 121, 168, 169 (ver também bondade amorosa)
low intensity-high volume, 103-107
mal-estar pessoal, 167, 172, 177
Marlatt, Alan, 34, 61

ÍNDICE REMISSIVO

mecanismos, 21, 28, 38, 58-71, 109, 129, 180, 196

medição, 38, 41-43, 53-54, 154

meditação, 13-14, 17-18, 24-27, 34, 45, 47, 49, 50, 54-59, 67, 71-86, 113, 114, 119, 121, 133, 138, 141, 153, 155, 160, 177, 184, 194, 197

meditação *metta*, 153

Meditación Fluir, 119

mentalidade social, 170, 171

mentalização, 171

meta-análise, 28, 135, 177

metacognição, 21, 63, 67, 68

Mind and Life Institute, 14, 194

mind-wandering, 84, 85

Mindful Attention Awareness Scale (MAAS), 38-44, 51-54

Mindfulness-Based Cognitive Therapy (MBCT), 29, 33, 59-70, 89, 90, 95, 99, 101-107, 157

Mindfulness-Based Relapse Prevention (MBRP), 34, 61

Mindfulness-Based Strengths Practice (MBSP), 157

Mindfulness-Based Stress Reduction (MBSR), 29, 32, 33, 52, 59, 61, 95, 101-107, 116, 131-133, 139, 140, 157

mindlessness (desatenção), 44; *Mindlessness Scale*, 50

Mindsens, escala, 49-52

monitoramento aberto, 21, 76, 151

multifatorialidade, 38, 39, 44, 50

não reatividade, 45, 49, 52, 69, 86

Neff, Kristin, 189

neurociência, 84, 176

neuroimagem, 73-75, 87, 145, 176, 178, 196

ortogonalidade, 40

oxitocina, 180, 181

Philadelphia Mindfulness Scale (PHLMS), 40-43, 46, 51, 52

práticas geradoras, 164, 184, 186

presente, estar, 17-20, 24-27, 30, 46; tempo, 22, 25, 31, 33, 39, 40, 43, 48, 66, 68, 71, 80, 81, 85, 113, 119, 158, 159

prevenção de recaída, 34, 53, 60-63, 85, 102

Programa Aulas Felices (Programa Salas de Aula Felizes), 120-121, 127

Programa TREVA (Técnicas de Relaxamento Vivencial Aplicadas em Sala de Aula), 119

Projeto Hara, 119

psicologia do tempo, 158

psicologia positiva, 14, 114, 120, 127, 147-161

qualidade de vida, 41, 60-61, 91, 103, 106, 107, 135, 140

Quatro Incomensuráveis Estados da Mente, 168

reavaliação, 83, 152

Rede Britânica de Professores de Mindfulness, 98, 103

Rede Neural em Modo Padrão (*Default Mode Network* – DMN), 77, 84, 85

regulação emocional, 21, 65, 69, 70

relações cooperativas, 175; de apoio, 90, 92, 100, 102, 124, 125, 160, 170

resiliência, 18, 117, 118, 132, 138, 148, 149, 178

ressonância magnética funcional, 74, 75, 79, 80, 82, 86, 176 (*Functional Magnetic Resonance Imaging*, fMRI) *samadhi*, 152

sati, 13, 23, 24

saúde, 13, 14, 19, 21, 24, 25, 28, 32, 38, 58, 59, 65, 89-110, 114, 120, 129-146, 148, 149, 151, 181, 182, 184, 190-198

Segal, Zindel, 33, 59

sensibilidade à dor, 63, 78, 82

serviços de saúde, 14, 33, 36, 63, 71, 89-110, 129-146, 197-198

shifting baseline, 41-42

simpatia, 165, 167, 168, 170, 174, 175, 189

sistema de ameaça e proteção, 182

sistema de apego, 174, 179

sistema de calma e filiação, 179, 180

sistema de conquista e busca de recursos, 182, 183

Southampton Mindfulness Questionnaire (SMQ), 44, 48

stepped-care, 103-107, 110, 198,

Subsistemas Cognitivos Interativos, 70

sutta (sutra), 23, 152

Task Positive Network (TPN), 84

Teasdale, John, 33, 59, 67, 68, 70, 194

Tecnologias da Informação e Comunicação (TIC), 97, 106, 107, 111

teoria da seleção sexual, 175

Terapia Cognitivo-Comportamental, 30-31

Terapia de Aceitação e Compromisso, 35, 119

Terapia focada na compaixão (CFT), 185, 187, 188

Terapias Baseadas em Mindfulness (TBMs), 19, 23, 28-32, 37-38, 58-62, 69-72, 89-95, 98-110

tolerância ao mal-estar, 172, 173

Toronto Mindfulness Scale (TMS), 40, 47, 154

transdiagnóstico, 72

Treinamento no Cultivo da Compaixão (CCT), 185, 187

Treinamento em Compaixão de Base Cognitiva (CBCT), 185-187

vipassana, meditação, 119

Williams, Mark, 33, 59

yoga, 27, 76, 121, 144

zen, 59, 82, 119

Zimbardo, Phil, 158-159

Texto composto em Versailles LT Std.
Impresso em papel Polén Soft 80gr na Gráfica Eskenazi.